将来大人になって
成功するために

13歳のきみに伝えたい本当に必要な7つの才能

株式会社エス・プロモーション代表取締役
独立起業プロデューサー

山本 佳典
Yamamoto Yoshinori

彩流社

はじめに――将来大人になって成功するための「7つの才能」とは

僕の夢は「いい仕事につき、裕福に暮らすこと」。

これは、僕が小学校を卒業する時（2001年）の卒業文集に、「ぼく・わたしの夢」という項目に書いていた、実際の僕の小学6年生での「夢」だ。

この本は、将来の働き方について、中学生や高校生のきみに考えてもらおうと思って、ちょっとだけ先を生きている先輩として、僕のメッセージをまとめてみた。

僕は、いつからか「夢・やりたいこと」というのを見失いながら30歳手前まで生きてきた。

さて、きみには「夢・やりたいこと」があるだろうか？

僕の実家は裕福ではなかったため、小さな頃から「ウチにはお金がないから我慢してね」と色んなことを我慢してきた。

友達みんなが持っているカードゲームも、テレビゲームも、僕だけ持っていなかった。友達と一緒に遊ぶゲームがなかった僕だけ、友達の輪に入れなかった……。

そんな寂しい思いをしたから、

「僕は自分が大人になったら、お金持ちになって子どもに惨《みじ》めな思いはさせたくない」

そう思って、とにかく勉強を頑張った!!

みんなが、「野球選手になりたい」「サッカー選手になりたい」ってキラキラした夢を持っているのが羨《うらや》ましいなぁ、と横目に見ながら……。

頑張って勉強をしたおかげで、テストの点数は学年でも常に1位。

偏差値の高い進学校に進み、難関大学にも入学できた。

大学もトップの成績で卒業して、誰《だれ》もが羨むような大手の銀行に入社できた。

「やっぱり山本くんはすごいね」

まわりの人も皆がそう言ってくれ、僕自身も、

「これで幸せになれるんだ！」

と、小学校の時からガムシャラに頑張ってきた自分の頑張りで、幸せを掴《つか》むことができると嬉しくなったのを覚えている。

でも、実際は幸せにはなれなかった……。

「なんで、そんないい会社に就職したのに幸せじゃないの？」と、もしかしたら不思議に思うかもしれない。

これから頑張って勉強をして、いい大学に行き、将来に向けて期待いっぱいのきみを驚かせてしまうかもしれないが、しっかりと聞いてほしい。

僕は、大学までのいわゆる「テストの点数」「偏差値」ではきちんと評価されてきたけど、会社に入ったらそのような数字でハッキリとわかるようなもの以外の「上司とのうまい人間関係」「コミュニケーション」というような、社会人ならではの「見えない部分」の評価が重要視される。

僕はそれがすごく苦手だった。

でも、社会人になるまでは「自分はできる人間だ」と思っていたから、自分がそんなことで人生をつまずくとは思いもしなかった。相当自分の中では苦しくて悔《くや》しくて、心の病気にもなったし、自殺しようとも考えた。

それに加えて、もうきみもよく知っているかもしれないけど、世の中はAI（人工知能）が発達してきていて、今までは安定していると超人気だった銀行も他の大手の会社も次々とリストラが進み始めたんだ。

「いい学校に行き、いい会社に入れれば幸せになれる」というのは、勝手につくり上げられた幻想だった!!

頭がいいとか、偏差値の高い大学出身だとか、大手企業に勤めているなんて、もう関係ない。

「ひとりでも生きていけるチカラがあるかどうか」

これが、これからの時代を生きていくきみや僕らにとって、幸せを掴むために本当に必要なことなのだ。

大手の会社に入っても、リストラや賃金カットは当たり前。

さらには、2020年から新型コロナウイルスの感染拡大が影響して、まさかそんな会社が！　というような有名な会社までバタバタ倒産。

厚生労働省の調べによると、たった1年で、コロナの影響で1500社以上が廃業《はいぎょう》、8万人以上が解雇《かいこ》されたという。

年金だって、僕ら30歳の大人だって、将来もらえるかどうかも怪《あや》しい……。

「副業」を認める、つまりは「うちの会社ではきみを守れないから、他で働いてもいいよ」と言っている企業は5割以上もある。今後はますます増える見込みだ。

つまりはもう、**国や会社は「自分のことを守ってはくれない」ということだ！**

どんな時代になったとしても、国や会社に頼るのではなく、自分らしく働き、たくましく生きていくために、この「新しいチカラ」が必要になってくるんだ。

僕は早くにそこに気づいたから、銀行を辞めて会社経営者となり、これまで1000名以上のビジネスマンに「ひとりで生きていく方法」を教えてきたし、今はこうやってきみに伝えている。

日を増すにつれて、今までの常識では通用しなくなってきた。もう、「会社員」という働き方も、なくなるかもしれない。

ただ悲惨なことに、多くの大人は急激な働き方の常識の変化に混乱して、ついていけていない。

ただ、それも仕方がない。今までの学校教育では教えてくれなかったし、一朝一夕に新しいチカラが身について、変化に対応できるというものでもないからだ。

だから、この本を読んでいるきみには、中学生や高校生の早いうちから学んで、この新しいチカラを身につけることで、将来大人になってから困らないようになってもらいたい。

ひとりでも生きていくチカラを手に入れるためには、これからお話しする**「7つの才能」**が必要になる。各章ごとにお話ししていく。

第1章「尖《とが》る才能」：「自分の得意なこと」を見つけ、大事にしよう

「自分の得意なこと」とは、一生使える自分の武器ということであり、多くの仕事をこなせる人になれる。

第2章「創《つく》る才能」：新しいものを創り出す「発想力」を高めよう

「発想力」とは、新しいことを思いつくことであり、世の中がたとえ変化しても柔軟に対応できる人になれる。

第3章「伝える才能」：様々な人にわかりやすく「伝える力」を磨《みが》こう

「伝える力」とは、自分の考えを言葉にすることであり、まわりの人を動かすことができる。

第4章「頼る才能」：まわりの人に「頼る力」を活かそう

「頼る力」とは、「自分の苦手なことを相手に伝える」ことであり、そのことで、人それぞれのいいところを見つけ、多くの仲間と協力して仕事ができる。

第5章「導く才能」：みんなを引っ張る「リーダー力」を身につけよう

「リーダー力」とは、たくさんの人をまとめることであり、自分のチームをつくって、リーダーとして世の中に影響を与えることができる。

第6章「拓《ひら》く才能」：知らないことに対する「好奇心」を育もう

「好奇心」とは、視野を広くし、知識や知恵を増やすことであり、自分の可能性を大きくすることができる。

第7章「挑《いど》む才能」：失敗を恐れず「チャレンジする力」を養おう

「チャレンジする力」とは、積極的に行動する力であり、失敗を恐れずに、常に向上心を持って成長できる。

順番に読み進めれば、これからの時代に活躍できる大人になるためのチカラが順々に身につくような構成になっている。でも、自分が興味のある章から読み始めても大丈夫。きみの好きなようにしたらいい。

また、各章の最後にはコラムとして、先を行く先輩である僕の失敗談や実体験、学生の時に頑張っていたことが大人になってから、こんなふうに活かされているというリアルなエピソードを織り交ぜてみたので、ぜひ参考にしてほしい。
「あぁ、僕が13歳の時にこんな本があればよかったな……」と思いながらこの本を書いた。この本を読むことで、きみが本当の意味で幸せになれたら、著者としてこのうえなく幸せだ。

2021年8月吉日

山本佳典《やまもとよしのり》

13歳のきみに伝えたい本当に必要な7つの才能［目次］

第❶章 「尖《とが》る才能」：「自分の得意なこと」を見つけ、大事にしよう

いつまでも必要とされる大人になるために

第❷章 「創《つく》る才能」：新しいものを創り出す「発想力」を高めよう

変化する世の中に求められる商品・サービスを創造する大人になるために

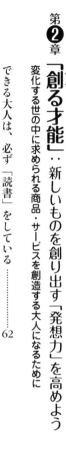

第❸章 「伝える才能」：様々な人にわかりやすく「伝える力」を磨こう

多くの人と良好なコミュニケーションが取れる大人になるために

第4章 「頼る才能」：まわりの人に「頼る力」を活かそう

人の才能を生かし、チームで大きな仕事ができる大人になるために

第5章「導く才能」：みんなを引っ張る「リーダー力」を身につけよう

多くの人から信頼、信用され、頼られる大人になるために

第6章「拓《ひら》く才能」：知らないことに対する「好奇心」を育もう

既成概念や経験に囚われず、自由な視点で物事に対処できる大人になるために

第7章 「挑《いど》む才能」：失敗を恐れず「チャレンジする力」を養おう

常に向上心を持ち、有言実行で挑戦する大人になるために

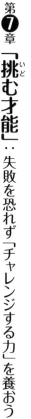

企画・編集協力――遠藤励起
カバーデザイン・イラスト――wakaba

序章

なぜ、これからの仕事には「7つの才能」を磨くことが必要なのか

親や大人も体験したことのない未来がやってくる！

今、急激に世の中が変化している!!

さて、この本を手に取ってくれたきみは、大なり小なり社会に出てからの働き方や仕事について興味があるのだと思う。将来をしっかりと見据《みす》えて学ぶその姿勢は、本当に素晴らしい。そんなきみに、この後のページの本編を読む前に、ちょっと聞いてもらいたいことがあるんだ。

今、世の中は急激に変化している。

先の見えない時代。ＡＩ、ＩＴの変革による情報革命、自然災害、新型コロナウイルスの感染拡大などが同時多発でやってくる世の中なんて、これまでの人類の誰ひとりとして経験していない。もちろん、僕だって予想なんてできなかったし、きみの親やまわりの大人もきっとそうだ。

でも、これがいいキッカケになったのではないだろうか。

「これからの時代は、たった一つの正解なんてものはない」ということに気づくためのね。

今現在、中学生や高校生のきみにとって、一番身近な問題は、「これからの進学や就職」だろう。世の中の常識が変化してしまった今、きみに伝えたいことがある。

それは、

「どんな時代になっても、ひとりでも生きていけるチカラを身につけよう！」

ということだ。

今の学校生活や日常でも身につけることはできるし、これから選ぶ進学先や就職先も、すべてはそのために選んでいくことだ。間違っても、

「親や先生がこの学校に行けばいいって言っているから」

「この大きな会社に就職すれば一生安泰《あんたい》だから」

とかいう理由で、きみの将来の道を選んではいけない。

なぜかって？

もう今までのように、

「頭のいい学校、一流の会社に入るためだけの勉強や知識では、通用しない時代になった!!」

からだ。

僕が大学を卒業して、会社に入ってすぐくらいまでは、まだ以前の常識が通用していた。僕が入った大手の銀行は、就職人気ランキングでも常にトップに入るような人気の会社。みんなが知っていて、そこに入れば誰もが羨ましいと思うような、そんな業界だった。

でも、今はどうかと言うと、何万人もの従業員がリストラの対象になり、ＡＩの進歩によって「消える職業」とも言われるようになった。たった数年で、これほどまで低迷していったのだ。誰がこんなことを想像しただろうか。

僕が在籍していた銀行業界だけではない。新型コロナウイルスの影響やＡＩ、テクノロジーの進歩によって、これまで安泰と言われた有名な会社や仕事もそうではなくなってきているんだ。

勉強を頑張ることはもちろん大事だ。将来の選択肢を増やすためには、頭を良くすることは一生使えるきみの強い武器になる。

ただ、ゴールを間違えてはいけない。いい学校に入るため、いい会社に入るため。それではきみの将来は明るくならない。

きみが夢や目標を持っているのであれば、この先、世の中がどれだけ変わっていったとしても絶対に叶《かな》えられるように、僕はきみのことを全力で応援したい。

「大人も学校で習っていない未来」がやってきた!

さっきも伝えたように、世の中は今急激に変化している。100年間で起こる時代の変化が、たった3ヶ月で起こってしまった……とも言われている。

きみの親も、まわりの大人も、この大きな時代の変化についていけてないだろう。

きみも今、学校でたくさんのことを学んでいると思うが、僕達大人もきみと同じように学校でたくさんのことを学んできた。

中学生や高校生のきみが今学校で学んでいることは、次の進路に進むため、つまり「受験」のために学んでいるという意味もあるとは思うが、一番大事なのは**「社会に出てから活躍できる人間になるため」**に勉強をしているはずだ。

もちろん、僕もまわりの大人も、学校で学んだ勉強が将来役に立つと思って頑張って勉強をしてきたんだ。でも、実際に社会に出てみると、

「なんで、学校で教えてくれなかったの?」

こんなふうに感じることばかりだ。第6章でその一部を詳しくきみに伝えようと思うが、特にそのように感じるのは**「お金のこと」**と**「働くこと」**についてだ。

社会に出て自分で働いて、収入を得るというのは、みんなが必ずやることなのに、学校では全然習わないいんだ。今思えばとても不思議だ。

習わないからこそ、**「自分にはどんな働き方が向いているのか」「お金をどのように稼いで、使っていくのか」**などの問題に、**大人になって社会に出てから皆が悩み、苦**

しんでいるのが現実だ。

学校で習わないがゆえに、「お金のこと」と「働くこと」については、勝手につくり上げられたイメージを僕達は信じ込まされてきている。

たとえば、お金のことについては「**会社員や公務員として、真面目にコツコツ働けば安定した収入が得られる**」ということ。

また、働くことについては、「**いい学校に行って、いい会社に入って働くことで幸せになれる**」ということ。

こんなふうに信じ込まされてきた。

だけど、大人達が信じてきたようなそんなイメージ・常識というのは、もう崩《くず》れてきている。ここから詳しくきみに伝えていくことにする。

もう今までのルールは通用しない！

まず、一つは**「終身雇用の崩壊《ほうかい》」**ということだ。

僕らが学生の時に習ってきたのは、「就職すれば定年退職するまでの一生涯を一つの会社で雇用してもらえる」というものだった。言ってみれば、「会社が自分のことをずっと守ってくれる」と教えられてきた。でも、もうそれは過去の話だ。

「人生１００年時代」という言葉をきみは聞いたことがあるだろうか？　医療の発達や、テクノロジーの進化によって、人間の寿命はますます延びている。その結果、人間は１００年生きるような世界がくる。

そうなった時に、これまでのように定年である65歳を迎えたら、あとは年金で暮らしていけるという計算が崩れてしまうのだ。

そもそも、年金自体ももしかしたら僕達ですらもらえないかもしれない、もらえたとしても、100歳まで延びてしまった寿命を、少ない年金ではとても生活ができないという状況が起きてしまっているのだ。

つまり、65歳で働くことを辞めるのではなく、さらにそこから新たな働き方を開始していき、その後も生活していける収入を得られるように努力していく必要がある。

「生涯現役」という世の中に変わっていっているのだ。

そんな時代になった時に必要になるのは、本章で詳しく伝えていく**「ひとりでも生き抜ける働くチカラ」**だ。

仮に、65歳というような高齢になった時に、たとえば次の働き口を探そうと、どこか別の会社に入社しようと思っても、会社から雇ってもらえるかというと、なかなか難しいかもしれない。もっと若くて優秀な人がいれば、そちらを雇おうと思うからだ。

そうなった時に、**「会社で雇用される」という働き方しかできなければ、収入を得ることができなくなってしまう。**それはとても危険だ。

また、新型コロナウイルスの感染拡大の問題が起きて以降、会社の経営がうまく回らなくなり、大手の会社でも次々に倒産やリストラが加速している。働いていた会社が急になくなる、会社から必要とされなくなる、ということがもはや当然のように起きてきている。

この会社に就職できたから安心。そんなふうにはもう思えないのだ。突然会社で働けなくなるということが、いつ自分の身に降りかかってくるかもわからない。

明日からもう会社で働けない、と言われた時にでも、「はい、まったく問題ありません」と言えるような自分になれていることが、これからの世の中で生きていくうえで必ず必要となってくる。

自分にしかできないことは何?

他に変わってきていることと言えば、**「年功序列制度」の崩壊**だ。

これまでであれば、年齢の高い人や長くその会社で勤めている人のほうが、給料が高くもらえるというように、給料体系が決まっているのがほとんどであった。

なので、その会社でずっと勤めていくことで給料を上げていくことがいいこととされてきていた。でも、もうそれも過去の話だ。

今積極的に導入されてきているのが、**「成果主義」**という考え方だ。いわゆる「年功序列制度」が日本的な制度だとすれば、「成果主義」というのは海外でかなり当たり前な考え方である。

要は、年齢の高い低いや勤続年数の長い短いで評価されるのではなく、**「どれだけ成果を出せるのか」が評価基準になる**ということだ。

今までであれば、極端な話を言うと、大きな成果を求められるよりも、会社の言うことを聞いて、波風を立てずにそのまま勤続年数を重ねていけばそれでよかった。

ただ、これからの時代は、もしそのような考えでいれば、成果をどんどん出してくる若手の人材に追い抜かれてしまい、最終的には「きみはもう会社には必要ない」と言われて、会社を辞めざるを得ない……ということもありうるのだ。

さらに、**「AIの進化」**も「年功序列制度」を崩壊させた一つの理由だ。AIは、人間がやる仕事よりも、正確で速いのが特徴だ。

今までは人間がしていた仕事を、これからはAIがやったほうがいいとなれば、どうなるか？

そう、人間の仕事がなくなってしまうのだ。これからの20年で、今ある仕事の約半分がAIに奪《うば》われてしまう……という恐ろしいデータも出ている。


銀行員としての仕事も、もうすでにかなりAIに奪われ始めている。

銀行の窓口で接客をしている事務の女性の仕事はいらなくなり、データを管理する仕事もいらなくなり、お客様に投資の案内をする営業マンの仕事もいらなくなっている。

僕が銀行に入った当時（約10年ほど前）には、まったく想像すらできなかったような変化がすでに起きている。

それは、銀行だけではない。きみの身のまわりのあらゆる職業が次々に機械化されている。

AIに奪われないような仕事をするのに大切なことは、第1章で詳しくお伝えするが、**要は「きみにしかできないことは何か？」と言われた時に、パッと答えられるようにする**ことだ。

きみだけの武器。それをここからの学生生活で身につけよう。

これからは「頭がいい」だけじゃダメなんだ！

きみより先に社会人になった先輩である僕が、一番伝えたいこと。

「これからは、いい学校・大学、会社に入るためだけの勉強じゃダメだ！」ということだ。

まえがきでも伝えたが、僕は、いわゆる「優等生」として生きてきた。小学生、中学生、高校生で学校の成績では常に学年トップ。大学も一流と言われる大学をトップで卒業した。

そして、大手の会社に入社して、営業成績も全国でトップになった。常に勉強を頑張り、努力をしてきた。それが何も間違っていないと思って生きてきた。

でも、そうじゃなかった！

会社員として、報われない日々を過ごしていたのだ。

そこまで自分を追い詰めてしまった理由は様々あるのだが、結局何が問題だったのかというと、**「勉強ができる＝社会人として仕事ができる」ということではない**、ということなんだ。

僕は勉強ができれば、それで会社でも評価されると勝手に思っていた。

仕事もスイスイとこなせると勝手に思っていた。

みんなから頼ってもらえると勝手に思っていた。

でも、現実はそうではなかった！

勉強面で評価されるというのは、これっぽっちもなかった。

何が大切だったのか、そしてさらにこれからの時代で必要になってくるのは何なのか。

それについては、この後たっぷりとお伝えしようと思うのだが、端的《たんてき》に言えば、「『国

語英語数学理科社会』のような〝正解がある〟ことを解いていくことが大事なのではなく、〝正解がない〟ものにどう対応していけるのかが大切」だということだ。

少し難しくなってしまったかもしれないので、例を挙げよう。たとえば、「1＋1＝？」と言われたら、誰でも「2」と答えられるだろう。これを「10だ！」と答えるような人はきっといない。要は、正解が一つに決まっているから。だから、間違えることはない。

では、次の問題。「きみにぴったりの仕事は何？」と聞かれたら、何と答えるだろうか？　ちょっと考えてみよう。

どうだろうか？　すぐにはなかなか答えられなかったかもしれない。そもそも考えたこともなかったことかもしれない。

そう、こういった問題は「たった一つの正解」というものがないからだ。なんとでも答えられる一方で、**どうその答えを導けばいいかもわからない。そんなことが、社会人になったら山のようにある**のだ。

さっき出した、「きみにぴったりの仕事は何？」という問題。これは、じつはほとんどの大人も答えられないんだ。自分はどんな仕事が向いているのか、どんなことがやりたいのか。それがわからなくて悩んでいる大人がたくさんいる。

でも、それも仕方ないと思う。学校では教えてくれなかったから。きみのような中学生や高校生の時から、「社会に出てから大切なのは、もっとこういうことなんだよ」と教えてもらえていたら、大人もこんなに困らなくて済むのになと。

「だったら、何を今から学んでおけばいいの？」

そうきみも思ってきたと思う。それをこの後から話していこう。

「ひとりでも生き抜けるチカラ」があれば、きみは無敵だ！

さっきも伝えたように、学校で習う「国語英語数学理科社会」のような、いわゆる「勉強」だけしていてはダメだ。もちろん、そういった勉強をすることは最低限必要であるし、僕も大事だと確信している。

ただ、それだけ頑張っていても、次の進路の受験や就職するまでは、うまくいくかもしれないけれど、社会人に実際になってからはつまずくことが多くなる。僕自身が失敗してしまったようにね。

だから、これから新しい時代に向かって進んでいくきみが、大人になって困ることなく、社会で華々《はなばな》しく活躍できる人になり、夢や目標を叶えられる。そんなことを願って、僕からきみに**「これからの時代に稼げる大人になる！　本当に必要な7つの才能」**という、とっておきの武器を授けようと思う。

僕はこれまで1000名以上の大人に向けて、この武器を大人になってどのように身につけ、そして磨いていくのか、ということを指導してきた。実際、大人になってからでも問題はないのだが、やっぱりきみのような学生のうちから、身につけておくことに勝るものはない。

多くの大人が、「自分も学生のうちから学んでおきたかったな……」そんなふうに嘆《なげ》いているのだ。そんなことを今の段階から学んでおけるきみは本当にラッキーだ。

この後、第1章から順々にその「7つの才能」とはなんなのか、そしてどのように身につけていけばいいのかをお伝えしていく。

「学校の勉強以外のことを学ぶって、なんだか難しそう……」

もしかしたらそんなふうに感じてしまったかもしれないが、難しいことはまったくない。

きみが普段の学校生活や家での生活をしていく中で、自然と意識していくことで感じたり、行動したりすることで、7つの才能が身につくようにわかりやすくまとめたつもりだ。

普段は考えてもいなかったことの中から武器を身につけていくことで、「将来社会に出た時に活躍できる自分になれるんだ！」とワクワクしながら読んでいこう。

全部読み終えて、7つの才能を身につけたきみはもう無敵だよ！

さぁ、ここから7つの才能を手に入れよう。

第1章

「尖る才能」「自分の得意なこと」を見つけ、大事にしよう

いつまでも必要とされる大人になるために

〈残念な大人〉

・任せられる仕事がなくなって、必要とされない大人になってしまう

・AIに仕事を奪われてしまうような大人になってしまう

〈活躍できる大人〉

・仕事がたくさん舞い込む人気者の大人になれる！

・自信に満ち溢れた、キラキラ輝く大人になれる！

夢中になれることを見つけよう

きみは、「時間を忘れて夢中になれる」ようなことがあるだろうか？

時間を忘れてまでのめり込んでやってしまうこと、それこそがきみの将来を明るく照らす武器になるんだ。

知人女性のAさんは、幼稚園の時から「本を読むこと」は時間を忘れて夢中になってやっていた。

小学校の時なんて、休み時間になると毎時間図書室に行っては本を読み、学校の図書室だけでは飽《あ》き足らず、市営の図書館でも本を読み漁っていたそうだ。

朝起きてからも夜寝る前もずっと本を読んでいた。「本が親友」と言っても過言ではない。

そんな彼女は、大人になって本を書くという仕事を通じて、多くの人にメッセージを送っている。

他にも、僕のお客さんのBさんは「計算が早くできるやり方を友達に教えること」を夢中になってやっていた。自分で編み出した計算のコツをわかりやすくノートにまとめて、それをみんなに配っていたそうだ。

そして、個別に教えると、みんなの数学のテストの点数がぐんぐん上がって「Bくん、ありがとう！」と言ってもらえることに、とても誇《ほこ》りを持っていたと語っていた。

そんな「教えること」に夢中になっていたBさんは、就職して保険会社の営業マンになってからは、お金の増やし方をわかりやすく教えるような仕事をしている。

彼らの例からもわかると思うが、**「活躍している大人は、学生時代までに、時間を忘れて夢中になっていたことを、大人になってからの仕事にうまく活かしている」**んだ。

きみと同じくらいの年齢の時に、すでに将来の働き方に繋《つな》がる「仕事の源泉」を見出していた。

どうだろうか？　きみも時間を忘れて夢中になれることはあるだろうか？「これって将来の仕事に繋がるのだろうか」なんてことは、まだ最初の段階に考えなくてもいい。こんなことでもいいのかな？　と思うようなことで全然大丈夫。

たとえば、いろいろ挙げてみる。これらは、僕がこれまで指導してきた大人が実際に幼少期、学生時代に夢中になっていたことの一部だ。

こんなことに夢中になっている人は、どんなチカラが身についているかも書いてみるから参考にしてほしい。

・ブロック遊び↓新しいことを生み出したり、組み合わせることが得意。
・絵を描く↓デザイン、まねごとなど、うまく表現するのが得意。
・チームスポーツ↓リーダーシップ、みんなと一緒に協力するのが得意。

などだ。とにかくたくさん挙げてみよう。

クラスの友達と比べない！

もしかしたら、こんなふうに思ってしまっていないか？　と僕は気になったので聞いてみる。

「得意なことって言われても、僕なんて得意なことないし……」

「クラスの○○くんのほうがスゴイし、僕なんて……」

なんて思わなくても大丈夫。「きみが好きなこと」は何かでいいんだ。

学校生活をしていたら、そんなふうに思ってしまっても無理もないかもしれない。すごく頭のいい子や、スポーツ万能な子がいたり、みんなの前で自信を持って発表しているような子がいる。

今では大活躍している知人のビジネスマンのCさんも、学生時代にはそんなふうに自分と友達を比べては、落ち込んだりしていた時期があった。

クラスのリーダーになるような子といえば、「スポーツができて、明るい子」、いわゆる人気者になるのはそんな子だ。きっとそうだよね？

彼の小学生時代はというと、スポーツはどちらかというと苦手だったし、人見知りで大人しく、みんなの前で発表をしようとしたら緊張して顔が真っ赤になってしまう……そんないわゆる人気者の子とは正反対だった。

でも、そんな自分が悔しくて、どうやったらもっと友達ができて、みんなから必要とされるような人になれるんだろうか、と考えたそうだ。

「自分はスポーツはできない。大勢の前で喋《しゃべ》るなんてできない。でも、よく考えてみたら、僕は歴史については大好きで、誰よりも詳しい自信がある！」

そこに気づいた彼は、好きで得意な歴史の「年号を語呂《ごろ》合わせで覚える替え歌」をつくってみて、近くの友達にコッソリと披露《ひろう》したそうだ。そうすると、どうなったか。

「Cくん、この語呂合わせの歌、面白いね！」

と言ってくれて、その教えた子が他のクラスメイトにCさんのことを広めてくれた

ことで、

「僕にも教えてよ！」

と、みんながCさんのところに押し寄せてくるようになった。

得意なことを楽しくやっていると人気者になれる！　そんな経験をしていたんだそうだ。結果的に、この語呂合わせの歌でみんなが歴史を好きになり、暗記もできて、テストの点数もグンとアップしたという。

スポーツができて、みんなの前で喋れないと、人気者になれない。そう思っていたけど、それは勘違《かん》いだった。

誰かと比べて自信をなくさなくていい。
きみが好きなことをとことん考えればいいんだ！

まわりから「褒《ほ》められたこと」は宝物

「自分は何が得意なんだろう？」

そんなふうに悩んでしまったかもしれない。

そんな時は、**まわりから「褒められたこと」を思い出してみよう。**「スゴイね」「ありがとう」「それは僕にはできないよ」なんて言われたことはないだろうか。

「スゴイね」と言ってもらえるようなことは、きみにとってはすごく当たり前のことかもしれないけど、まわりの人からすれば当たり前ではないことがある。

それは、きみだけの得意なことと言っていい。

前のページでも言ったように、Cさんは歴史の年号の覚え方を教えることを学生時代にやっていたが、彼にとっては歴史の勉強をすること、その勉強を人に教えることは当たり前にできることだ。

特に「歴史の勉強を教えること」でみんなからスゴイと言ってもらえたのは、「すごくわかりやすい」と言われていたことだ。Cさんがわかりやすく教えられるようになったのは、いくつかポイントがある。

その一つは、歴史の勉強が苦手だという友達の「年号を暗記することの何が苦手で、わからないのか。どうしてわからないと思ったのか」をきちんと聞いてあげていたことだ。

わからないところの理由を探って、つまずいた最初のところから丁寧《ていねい》に教えてあげていた。

授業ではなかなか質問しにくくて、置いてけぼりになっていたような友達は、「先生に聞くよりもわかりやすい」とまで言ってくれた。

そうやってCさんのことをたくさんの友達が褒めてくれた。彼にとっては、当たり前のようにその友達が苦手なことや、どうなりたいかを聞いていただけなんだけど、それが友達からすればすごく良かったようだ。

さっきも言ったように、自分にとっては当たり前のことだから、自分の良さや得意なことというのは、自分ではなかなか気づきにくい。

人はそれぞれ、そういった「当たり前にできること＝才能」というのを持っている。

それは人それぞれ全然違うんだ。

きみが当たり前にできることでも、まわりの友達からすれば当たり前ではないこと

がある。その逆も同じ。

きみが当たり前にできることを求めている人がたくさんいるんだ。きみの当たり前にできることはなんだろう？

自分のことは、自分じゃわからない

さっき言ったように、自分にとっての当たり前は、なかなか自分ではわからないものだ。**自分でわからないことは、自分だけで解決するのではなく、まわりのチカラを借りる**こと。なので、友達や親に「自分の得意なことは何か」を聞いてみよう！

たとえば、

「僕ってどんなことが得意だと思う？」

「僕がみんなより上手なことってなんだと思う？」

「僕がずっと夢中になっていることってなんだと思う？」

そんなふうに、友達や親に聞いてみる。

自分のそばにいる友達や親は、誰よりもきみのことを客観的にずっと見てくれている。だから、自分では気づかなかったようなこと、思いもしなかったようなことを言ってくれると思う。

僕自身も僕のまわりの大人も、自分のことは自分ではわからないことだらけだ。それは学生時代の時もそうだったし、大人になった今でももちろんそうだ。

たとえば、僕のお客さんのDさんの得意なことの一つに、「要領がいい」というのがある。

1を言われたら、10のことをすぐにやれてしまう。飲み込みが早い。ということなんだけど、これもじつは、友達や親に聞いてみて、初めて気づいた自分の得意なことだった。

なぜ、このように「要領がいい」のかを色々と考えてみたんだそうだけど、その理由は、彼は「観察力が高く、そのままマネる」ということがそもそも得意だった。

たとえば、先生から教えてもらったことも、そっくりそのまますぐにやる。風景画を描く美術の宿題が出た場合も、その風景を見たままにそのまま描く。というように、言われたことや見たものをうまくマネてやることが得意なのである。

彼にとっては、当たり前のようにやっていることが、結果として他の人にとっては当たり前にできないこと、というのは大きな発見だった。

それも聞いてみたから初めてわかったことだ。聞いてみなかったら、ずっとそれは気づかなかった彼の得意なことだったかもしれない。

まずは、きみが友達や親に聞いてみるところから始めて、得意なことがわかり、新しい発見があったら、次はその逆をやってみよう。

そうやって聞いてみたことで、自分のことがよりわかったということを友達に教えてあげて、友達に対してきみが考える、その友達の「得意なこと」を教えてあげよう。

もちろん、友達だけでなく、きみの親や先生などの大人にも教えてあげよう。きみのような学生よりも、大人のほうが「自分の得意なこと」がわからず悩んでいると思う。きみが教えてあげるんだ。

「アピール上手」に人が集まる

ここまでで、自分の「得意なこと」がわかったら、次は何をしたらいいかというと、まわりに**「僕（私）は○○が得意だよ！」って積極的に伝えていこう。**

それでは、将来大人になって活躍できる人、つまり仕事がたくさん舞《ま》い込んでくるような大人には、どうしたらなれると思う？

仕事が次々と舞い込んでくるような人は、「あの人に仕事を任せたい！」と、たくさんの人からその存在を知ってもらっているということだ。

「○○さんは、こういうことが得意だ。だから、この人にこの仕事を任せたい」

そのように思われているからこそ、仕事のお願いがその人にはやってくる。

ここで大事なのは、「得意なことを自分でわかっているだけでは不十分」ということだ。**「自分が何が得意なのか、自分には何ができるのかをまわりにアピールする」**のがとっても大切になってくる。

「知られていなければ、それは存在していないのと同じ」

これは今後大人になって、自分ひとりで生きていけるようなチカラを身につけていくきみには覚えておいてほしいことだ。

誰かに言われたことをやるだけの人間になってはならない。それではひとりでたくましく生きていけない。

「自分には何ができるのか」それをまわりに知ってもらうことで初めて、仕事が向こうからやってくるのだ。

そんな大人になるためにも、きみは自分の得意なことをまわりにアピールしていくことだ。どうも日本人は、自分のことをアピールするのが苦手な人種なようだ。

ただ、これからの時代は、アピール上手な外国人が大勢日本にやってくる。また、海外で仕事をする機会もきっと増えてくる。そんな時に、自分のアピールができなければ、優秀な外国人にみすみす仕事のチャンスを奪われてしまうだろう。

「○○のことなら、☆☆（＝きみ）に任せよう！」

そんなふうに思ってもらえたら、最高だ！　そうやってきみのことをみんなが必要とされるようになるためには、積極的にまわりにアピールしていこう！　遠慮《えんりょ》はいらないよ。

苦手なことは、無理して頑張らなくてもいい

ここまでずっときみの「得意なこと」について話をしてきた。そこで思ったかもしれない。

「苦手なことはどうしたらいいんだろう……」

ハッキリ言うけど、苦手なことを克服《こくふく》しようと頑張らなくていい!

こう言われると、もしかしたらこんなふうに思うかもしれない。

「苦手なこともできるようになりなさい! って大人は言うんだけど……」

確かに、苦手なことも均一にできるようになればいいことも色々とあるかもしれない。ただ、これからの時代は、それは自分の首を絞《し》めることになりかねない。

今まであれば、苦手なことも克服して、すべてバランスよくできることが求められる時代だった。

でも、これからの時代は、そういった人達は必要とされなくなっていく。**これからの時代は、「専門性」が問われる時代**だからだ。

今、就職の常識が変わってきている。これまでであれば、いわゆる「メンバーシップ型雇用」「総合職」と言って、採用してから仕事内容を割り振る、どんなことでも経験させせられるというような企業の採用の仕方だった。

これからの時代は「ジョブ型雇用」と言って、特定の仕事に対して専門性のある人

を募《つの》るという形式に変わってきているのだ。

つまり、「なんでもまんべんなくできます」ではNGで、「○○について自信があります！　得意です！」と言える人が必要とされる時代になっている、ということなのだ。

採用のあり方もそのように変わっているため、きみが次の進路で高校や大学に進む時にも、社会人になる時に「自分は○○が得意です！」と自信を持って言えるように進路選択をすべきなのだ。

だから、将来を見据えているきみは、**苦手なことに時間を費やすのではなく、とことん得意なことに時間を注ぎ込むことだ。**

時間をかければかけるほど、その得意なことは、上達し磨かれていく。そうすることで、自分は将来こういったことを武器に活躍できるんだ、というイメージを持ってほしい。その武器をもっと磨くために、専門性の高い次の進路選択をすれば、もっともっと得意は伸びていく。

「なんでもできるは、将来仕事ができない大人になる」は絶対に覚えておいてほしいキーワードだ。

「ありがとう」が、働くことの原動力

「得意なこと」がもっともっと得意になる法則を教えよう。それは、**「ありがとう」**と言われることだ。

人は、人の役に立つことによって、自分の価値を感じる生き物だ。**自分が得意なことで誰かの役に立ち、「ありがとう」と言われることで、きみの得意は磨かれていく。**

今きみは「働くこと、仕事をすること」とはどんなことだと想像しているだろうか？お金を山ほど稼ぐこと？　しんどいこと？　嫌《いや》なことをすること？

そうではない。**働くというのは、「誰かの役に立つ」ということだ。**

働くことによって、得られるのは「お金」だ。そんなことはきみだって誰だってわかっているはずだ。

では、どうして「お金」がいただけるかをきみは考えたことがあるだろうか？　な

かなかそこまで考えて、働くことや仕事について考えを巡《めぐ》らせたことはないかもしれない。

働いてお金をいただくというのは、シンプルに言うと、**「目の前の人の役に立って、その感謝の気持ちが形になったのがお金」**ということなのだ。

だから、お金をたくさん稼げる人というのは、それだけたくさんの人の役に立っているということだ。お金を稼ぐというのは決して悪いことではない。そして、しんどいことでも嫌なことでもないはずだ。

でも、世の中の大人の多くは、嫌々仕事をしている人もたくさんいる。もしかしたら、きみもそんな大人を見てしまって、働くことや仕事をすることに悪いイメージを持ってしまっている可能性もある。

ただ、僕はそんな人達も結局は「自分の得意なこと」を活かして、まわりの人の役に立つことができていないだけなのだと思う。

自分が好きで得意なことをやれていて、自分が役に立ちたい人にたくさん役に立てていれば、人は自然と楽しく、自信に満ちてキラキラと輝くはずだ。

この本を読んでいるきみは、将来そんなキラキラと輝く大人になってもらいたい。

だからこそ、今のうちからきみの得意なことを存分に活かして、まわりの人の役に立ち、たくさんの「ありがとう」の言葉を受け取ろう。

コラム❶

イキイキ仕事をしている人達

ここで、僕が指導し、自分の得意なこと、個性を活かしてイキイキ仕事をしている人達を紹介する。

・Kさん（20代男性）：学生時代から友人に勉強を教えるのが得意。社会人になり、証券会社へ入社。現在は、お金の知識を教えるファイナンシャルプランナーとして会社を経営して活躍中！

・Nさん（20代女性）：学生時代から友達の似合うファッションがすぐにわかる、ということが得意だったNさん。社会人になり、医療系の仕事をしながら心理カウンセリングの資格も取り、ファッションという外見と心理という内面両方から女性に自信をつけてあげる仕事をして活躍中！

・Oさん（30代男性）：学生時代は駅伝で全国大会にも出場。社会人となり、営業マンをしながら再度陸上競技の指導者になる準備をして、独立した現在は、ランニング指導を行うスクールを開講して活躍中！

第2章

「創る才能」新しいものを創り出す「発想力」を高めよう

変化する世の中に求められる商品・サービスを創造する大人になるために

〈残念な大人〉

・言われたこと、与えられたことしかできない大人になってしまう

・世の中が変化しても時代に取り残される大人になってしまう

〈活躍できる大人〉

・常に新しいことを次々に思いついて、人を導ける大人になれる！

・難しいことにチャレンジできるカッコイイ大人になれる！

できる大人は、必ず「読書」をしている

きみは、今この本を手にとって読んでいると思うが、「読書」をしっかりできているきみは本当に素晴らしい。**「読書」をたくさんすることで、様々な知識や教養を身につけていることは、将来大人になってから必ず役に立つ。**

ちなみに、読書家のきみに一つ問題を出そう。

「日本人の成人は、1年間で平均何冊本を読んでいるか?」

どうだい? 考えてみただろうか。100冊? 200冊?……いや、全然違うんだ。

正解は、なんと……年間6冊しか読まないいんだ!

どうだい、ビックリしたんじゃないだろうか？　大人は、1年間でたったの6冊。つまり、2ヶ月でやっと1冊本を読む、という有様なんだ。普段の学校での勉強もしながら、こうやって本を読んでいるきみからすれば、信じられないかもしれないが、これが大人の実態だ。

本を読まない大人はどうなると思う？　さっき言ったように、本を読むというのは、自分にない考え方や知識や教養を新たに身につけるということなので、本を読んでいない大人というのは、学生時代までは勉強をしていた人も、ぱったりと新しい勉強をやめてしまって、「成長をしていない」ということになる。

成長をやめた大人はどうなるかというと、悲しいことに、勉強を続けている大人に仕事のチャンスを取られていってしまい、結果的に自分に自信がなくなって、「あぁ仕事がうまくいかないなぁ」と悩み苦しんでしまっているのだ。

僕は、この本を通じて様々な角度から、きみが将来大人になってから活躍できる人になってもらえるように話をしているが、結局大事なのは、**「学ぶことをずっと続けていくこと」**だ。

ただ、その学ぶというのは最初のほうでも伝えたけど、単純にテストの点数を上げるような勉強をしろという話ではない。自分を成長させるために必要なすべてのことが、学びなのだ。

学びの方法はたくさんあるけど、最も大切な学びの方法が**「読書」**だ。本というのは、著者が経験したことや学んできたこと、伝えたいことがギュッと一冊に詰まっている。そんなとても効率のいい学びをすることができるので、これからも読書をどんどんしていこう。

読書は非常に重要だと僕は捉《とら》えているので、この章の最後に、本がたくさん読めるようになる方法をまとめてみたので、ぜひ参考にしてほしい。

「マネする」ことから始めよう

「大人になってから活躍できる人ってどんな人だろう?」ときみは考えていると思う。

その一つの回答としては、**「常に新しいことを思いついてチャレンジできる人」**だと僕は思う。

新型コロナウイルスの問題があり、より明らかになっていったが、時代の変化が一気に進んだ。これまで当たり前とされていたことが古くなり、新しい価値観や新しいルールへと次々に刷新されていく激動の世界に突入した。

世の中のルールが日を追うごとに変化するような世の中で、今まで通りのことしかできないような大人は、みるみる取り残されてしまうのだ。**これまでの当たり前が頭にこびりついている人は、生きていけない。**

だからこそ、新しいことに積極的にチャレンジできる人が、結果的に活躍できる人になるということなのだ。

でも、そんなふうに聞くと、きみはこう感じているかもしれない。

「新しいことをやるって言っても、一体どうすればいいんだろう……」

そう思うのも無理はないと思う。学校では、ほとんどの場合が、「新しいことを生み出すためにどうすればいいか」なんて教えてくれないからね。

僕だって、もちろん学校でそんなことは習っていない。きみのまわりの大人もそうだ。だから、みんな方法がわからなくて悩んでいる。

僕が就職した銀行は、新しいことを生み出すということとは、かなりかけ離れた仕事なんだ。すごくカッチリとしたルールが決まっていて、そのルールから外れることは絶対に許されない。

大きなお金を扱《あつか》う仕事だからこその、とても厳しい規制がされている仕事なんだ。だから、僕は銀行にいたことで、枠《わく》にはめられた社会人になっていた。

でも、世の中がますます変わっていって、既成概念《きせいがいねん》にとらわれて、世の中の変化に対応できないような大人は活躍できない世の中になっていった。

そこを飛び出した僕は、最初とても苦労した。自分のチカラだけで生きていくという世界では、新しい物を生み出すことがすごく求められたからだ。

そんな僕でもできた、新しい物を生み出すための考え方を教えるね。

それは、**「マネる」**ということだ。

まったくのゼロから何かを生み出すというのは、よほどの天才がやることで、普通の人間はできない。

だから、**ゼロから考えるのではなく、何かあるものをマネる。そうすれば、簡単に新しいものを創り出すことができる**のだ。

きみも、マネから始める新しいものを創る工程を試してみよう。

「勉強を教える」ことが、最高の学習法

前のページで伝えたような、新しいものを生み出すための「マネ」というのは、「今あるものに別の何かを組み合わせて考えるという発想の仕方」だ。

そういった発想力を高めるために一番効果的な方法を教えよう。それは、**「自分で**

勉強したことを友達に教える」ということだ。

「学習定着率」と言って、勉強した内容がどのくらい定着したかを表す数字があるのだが、どういう勉強の仕方をすれば一番「学習定着率」が高くなると思う？

それが、じつは**「人に教える」**ということなのだ。自分ひとりで黙々《もくもく》と勉強をするよりも、**「教える」ということをすると、5倍以上記憶する効率が上がる**というデータもある。

自分が勉強したことを友達に教えようと思うと、いろんなことを考える。

どうやったらわかりやすく伝えられるだろうか、そもそもきちんと自分が理解できているだろうかと。そうやって考えることで、より深く学ぼうと意識が集中し、勉強内容が定着するのだ。

そうやって人に教えて、問題を出してあげる経験をしておくと、何か困った時には「自分でなんとかできないかな」と、目の前の困難を自力で乗り越えることができるのだ。

じつは、こういった**「自分で問題をつくり、答えまで導き出す」**ということが今後

ますます必要とされるチカラなんだ。

これまでであれば、与えられた問題を解きさえすればいい時代だったけど、これからはそうではない。

問題すらも自分でつくり出し、答えまで導き出さないといけない時代が来る。

会社や組織で働いていれば、人から与えられた仕事をやっておけば、まずは生きていける。

でも、自分のチカラだけで仕事をしようと思えば、仕事を自分で生み出し、結果を出していく必要がある。

誰も問題を与えてくれないし、解答例も渡してくれない。そういった時に、自ら問題をつくり出してきたという経験がすごく活かされる。

問題をつくると言っても、そんなに難しく考える必要はない。まずは、学校で勉強している科目について、自分でちょっとアレンジしてつくってみる、というところから始めるといい。

「創造するのは自由」だ。自分の好きなように問題をつくっていこう。

「世の中の変化」を常に察知する

きみは日々、テレビのニュースやネットなどを見ているだろうか？　もし、あまり普段は見ていないのであれば、ぜひこれを機会にチェックするようにしてもらいたい。なんのためか？　それは、**「世の中の変化」というのを敏感《びんかん》に感じとってもらいたい**からだ。

友人の経営者Eさんは、前職の銀行員だった時に、毎日隅々《すみずみ》まで新聞を読み込んでいた。彼女が銀行でやっていた仕事は、資産運用のアドバイスを行う仕事だったので、世の中の動きがわかっていないとお客さまに対して、きちんとしたアドバイスができない。

そんなこともあり、常に世の中の変化を感じていたからこそ、「銀行員のままでいるのはマズイ！」と危機感を感じて、会社から独立して経営者となった。

そんな危機感を恐ろしく感じた実際の出来事があるとEさんから聞いた。ＡＩが発達して人間の仕事を奪う時がそのうち来るということに関しては、彼女は新聞などで察知していた。

そしてさらに、実際にＡＩがお客さまへの資産運用の最適な提案をする、というサービスが銀行で導入されるようになったことが、彼女が銀行を辞める決定打となった。

このように、**世の中の流れを少しでも知っておくことで、自分がこれからどんな選択をすればいいかという選択の基準ができる。**そうすれば、いきなり危機的状況に陥《おちい》ることはなく、前もってリスク回避《かいひ》することができる。

その一方で、世の中の流れを知るという情報接触をしていなかったとすれば、何も準備することができずに、突然大変な思いをすることになる。急激に進んでいく時代に取り残されるのだ。

「ニュースなんてつまらない」なんて食わず嫌いをせずに見てほしい。経済、政治、社会情勢が色々とわかるはずだ。日本だけでなく、世界全体の動きもよく見ていたほうがいい。

すべてそうだとは言えないが、日本の動きは海外諸国の動きに追っていくように動いていく。海外の国がこんな動きをしたのであれば、そのうち日本もこうなるのでは？というような感覚を磨いていけるのではないだろうか。

また、注意点としては、テレビだけを見る、ネットニュースだけを見る、などというように偏ったメディアの選択をするのはやめよう。

それぞれのメディアに特性があり、すべてを満たしたメディアというのはなく、一長一短あるのだ。複数のメディアを見ることで、バランスよく情報を捉えよう。

「センス」とは、磨くものだ

きみは、「音楽、美術、技術家庭科」などの科目は好きだろうか？　好きな子もいれば、苦手だという子もいるだろう。苦手だという人の中には、こんなふうに思っている子がいるだろう。

「自分にはセンスがないから……」

音楽であれば、歌や楽器を奏でるセンス。美術であれば、絵を描く美的センス。技術家庭科であれば、創作するセンス。

こういった科目では、いわゆる「センス」というものが問われるから、センスがないなぁと思ってしまい、苦手だと言う人は多い。

ただ、**これからの時代では、こういった「センス」というのも非常に重要視されている。**

前の項でも言ったが、これからの時代は、新しく自分で創り出すということが要求される時代である。そうなった時に、**自分で創り出すためのチカラは、間違いなくこういった創作的なセンス**なのである。

考えていることをつくり出し、組み合わせ、表現する。そういったこと全般にこのセンスが必要とされてくる。

ここで、きみが間違った捉え方をしてしまっていないか確認をしたい。

「自分は生まれつきセンスがないからなぁ……」

きみもこんなふうに思ったことはないだろうか？　じつはこれ、間違いなのはわかるだろうか。

センスというのは、生まれつきのものではない。センスというのは、感性であり、それは「磨く」ものである。なので、後からどうとでもなる。

苦手だと言って敬遠するのではなく、それぞれの授業を通してその感性をどんどん磨いていこう。

たとえば、これらの科目で感性が磨かれることで得られるチカラは「表現力」だ。表現力というのは、**「自分が思っていることをまっすぐ伝えられるようになる」**そんなチカラのことだ。

伝えると一言で言っても、伝え方は様々だ。話し言葉、書き言葉、イラストにする、歌にする……あらゆる表現方法がある。

自分が考えていることが伝えられないという人はとても多い。そんな中で、この表現力が身についていて、しっかりと自分の考えが伝えられる人であれば、大人になってからすごく貴重な存在として重宝される。

確かに、今後の受験などでは国語英語数学理科社会が必要なので、どうしても「音楽、美術、技術家庭科」などの科目は疎《おろそ》かになりがちかもしれないが、将来のことを考えると、僕はこれらの科目のほうがとても重要だと考えている。

ないんだったら、つくればいい!

少し難しいかもしれないが、きみにとって、100%ピッタリな仕事ができる会社は、今現在存在するだろうか?

ピッタリというのはどういうことかというと、たとえば、やりたいことも絶対に叶えられるし、給料も文句ないくらいもらえる、人間関係も悩むことのない……そんな会社があるかどうか、ということなのだが……どう思う?

僕が思うに、100%自分のすべての要求を満たしてくれるような会社は絶対に存在しない。きっとそうだと思う。だから、大人は何かしら仕事に対して不満を持ったり、愚痴《ぐち》を言ったりしているのだ。

もし、自分にピッタリな会社がないとすれば、さぁきみはどうする？

これは、あくまでも僕の考えなのだが、**「ないんだったら、つくればいい」**と思う。

きみはそういう発想ができるだろうか？

いや、これからできるようになってほしい。


僕は、じつは昔から「ないものはつくる」をずっとやってきたような人間だ。

僕の実家は裕福ではなかったため、クラスメイト全員が持っているようなカードゲームやテレビゲームを僕だけが持っていないということが、小学生時代からずっと続いた。

僕だけ持ってなかったために、その友達の輪に入ることができずに、とても悲しい思いをした。

最初は、「いいなぁ、いいなぁ」と指をくわえて見ていただけだったが、ある日突然思いついたのだ！


「そうだ！　買えないんだったら、自分でつくればいいんだ！」

そう思った僕は、自由帳をカードサイズに切り、そこにカードゲームのキャラクターを自分で描いて、自作のカードゲームをつくり上げたんだ！

そうすると、どうなったと思う？　僕だけカードを持ってなくて、輪に入れなかったさみしい状態から、

「山本くん何それ！　面白そう！　やらせてよ！」

と、僕のつくった自作カードゲームが一気に人気となり、僕はクラスの中心になるという嬉《うれ》しい事件が起きたんだよ！

そういった経験から僕は、「ないんだったら、つくればいい」という逆転の発想を常々持つようにしている。

今、世の中にないのであれば、それはこれから生み出されてもいいのではないか？と。

きみも、もし将来自分にピッタリの仕事が見つからない、ということが起きたとしたら、いっそのことつくってしまおう！

「もっと○○だったらいいのに」という疑問を持とう

きみは普段の生活をしていて、こんなふうに思い、感じることはないだろうか？

「**もっと○○だったらいいのになぁ**」って。

じつは、こんなふうに感じるものがあれば、「**どうすれば、もっとそれが良くなるかを深く考えてみる**」といいんだ。そうした疑問を持ち、発想をすることこそ、自分のチカラで世の中を良くすることができる大人になる秘訣《ひけつ》なんだ。

たとえば、「もっと移動が速くできないかなぁ」という考えが出てきたことから、自動車や新幹線や飛行機などの移動手段が発明され、「もっと連絡が速く、遠くの人ともできたらいいのになぁ」という考えから、電話が発明されたりと、そういった「**もっと○○だったらいいのになぁ」という思いを持ったことがきっかけで、世の中はより良くなってきた。**

僕のまわりの大人は、社会人になってたくさん悩んでいる。学生の時よりも、とっても深く悩んでいる。

どうしてそんなに悩んでいるかというと、社会人になってから初めて知ることが多く、**「もっと学生時代に教えてもらえていたら、こんなにも悩まなかったのに……」**と感じているからだ。

これから社会人になっていく若い人には、僕達のようにならないでほしいし、そのためにも学生のうちにたくさん知っておいてもらいたい。

きみも、もし日頃の生活の中で「もっと○○だったらいいのになぁ」と思うことがあれば、実際にどうすればより良くなるのかを、とことん考え抜くことだ。

そうやって考えてまとめていくことで、きみだけでなく他の誰かにとっても役に立つことができる。それがすなわち、きみだけの仕事になっていくのだ。

世の中の仕事とは、誰かの「○○だったらいいのにな」を解決するためのものだ。

今日からぜひ、日頃の生活していくうえで、そういう角度で考えてみよう。

コラム❷

読書家になれる5つのポイント

ここで、僕が本をたくさん読めるようになった5つの方法を紹介する。一つひとつを意識してやることで、本から多くを学び、将来活躍できる大人になるための知識や教養をたくさん身につけることができる。

①**目的意識を持って本を読む**：目的がないと人は行動できない。なんのために読書をするのかを明確にすること。

②**アウトプットを必ずする**：アウトプットが前提にあることで、よりインプットの吸収率が上がる。誰かに話す、まとめを書くなど必ずアウトプットをする。

③**その本の大事なポイントだけ読む**：本はすべて読まない。自分が大事だと思うところだけ読む。これは一番意外なことかもね！　でもそれでいいんだ！

④**読解力、語彙《ごい》力を上げる**：言葉の意味がわからなければ本が読み進められない。

最低限の語彙力や読解力を上げるために、普段から辞書を引いていく習慣をつけよう。

⑤**いろんなジャンルを読む**：好き嫌いせずにいろんなジャンルに触れることで、幅広く知識や教養を得ることができる。

本の読み方をこうやって学んでから読むだけで、また違った視点で本に触れることができる！　たくさん本に触れて、豊かな人生を歩もう。

第3章

「伝える才能」様々な人にわかりやすく「伝える力」を磨こう

多くの人と良好なコミュニケーションが取れる大人になるために

〈残念な大人〉

・自分の気持ちや言いたいことが伝えられない大人になってしまう

・ひとりぼっちの寂しい大人になってしまう

〈活躍できる大人〉

・こうなりたい！　こうしたい！　を実現できる大人になれる！

・助けてくれる仲間がたくさん集まる大人になれる！

話し上手より、聞き上手になろう

最初に、とても重要な話をしようと思う。それは何かというと、将来大人になってからというわけではなく、今すぐにでもきみが実践できる、「コミュニケーションの鉄則」だ。その鉄則とは何かというと、

「話し上手より、聞き上手になろう」

ということだ。

自分がベラベラと喋るというよりも、**「相手の話をしっかり丁寧に聞くことを大事にする」ということが、コミュニケーションを上達させ、人気者になれる秘訣**だ。

どういうことか解説しよう。そもそも、人間というのは「自分のことが大好き」な生き物だ。だから、目の前の人が自分のことを大切にしてくれていないとすごく嫌な気分になるし、自分を大切にしてくれる人のことを、こちらも大切にしようと思う性

質がある。

なので、自分が話したい伝えたいことを、「ウンウン」としっかりと聞いてくれる人のことを好きになるのだ。

きみが何か話そうとしているのに、それを遮《さえぎ》ってまで自分のことをずっと喋ってくる人のことを好きになれるだろうか？　嫌だなぁと感じるのではないだろうか。

これから大人になっていくきみに、ちょっと先を行っている先輩として、きみに今のうちから絶対に身につけておいてほしいと願う大切なチカラの一つが、まさにこの**「コミュニケーション」のチカラ**だ。

コミュニケーションというのは、一方的に伝えるということではない。お互いに伝え合う、会話のキャッチボールをスムーズにできることがコミュニケーションなのだ。そして、自分の話をしっかり「伝える」ためにも、その前段階として「聞く」ということを大事にすることだ。

では、ここで「聞く」チカラを高めるための2つのテクニックをきみに教えよう。

これは、「心理学」と言って、人間の心の中を研究した学問の中で言われている有名な方法だ。

①**バックトラッキング**：いわゆる「おうむ返し」というもので、相手が言った言葉をそのままそっくり返すというテクニックだ。

たとえば、(Aさん)「昨日、部活の練習で大変だったんだよね」と言われたら、(きみ)「そっか、大変だったんだね。どんなことで大変だったの？」と、いう感じだ。こうするだけで、相手は自分の言ったことをしっかり聞いてくれていると感じるのだ。

②**相槌《あいづち》を打つ**：相手が話をしたら、「うんうん」とか「ああ」と言ったり、首を縦に振って「うんうん」と頷《うなず》くなどをすることだ。これも、「あなたの話を聞いていますよ」というサインになるため、相手はより話をしたくなるのだ。

ぜひこれらを活かして「聞き上手」になっていこう。

恥ずかしがらずに話してみよう

きみは、自分が思っていることを誰かに伝えることに抵抗があるだろうか？「なんだか恥ずかしいな」と思っていないだろうか。

知人の女性Fさんは、きみくらいの学生時代はとても恥ずかしがり屋で、いわゆる人見知りだった。

初めて話す人とはとても緊張して喋れないし、新しい環境にはすぐに溶け込むことができないようなタイプだった。

伝えたいんだけど、恥ずかしくてなかなか伝えられない……とずっと内にこもっている、そんな感じだったという。

いや、正直大人になった今でも、僕から見てもそんなに社交的な感じではないので、変わっていないと言えば変わっていないんだけど。

そんなきみに僕から伝えたいことは、「もっと学生の時から、恥ずかしがらずに伝えることをやっておくといい」ということだ。

彼女は、「もし、学生時代に戻れるのであれば、もっとまわりと話すことを積極的にやっておけばよかったなぁ」と常日頃言っている。

社会人になると、自分の考えを伝えるということは日常茶飯事だ。しかも、それが責任ある「仕事」をしている中でたくさんある。

そうなってくると、**自分の考えを伝えるということができないと、もはや仕事として成立しない**ということが起きてくる。そして、責任ある仕事なので、なかなか「失敗」が許されない。

そうなってくると、伝えることが苦手であれば、よりその「失敗」することが怖くなって、さらに伝えることに対して恐怖心が出てきてしまうのだ。

なので、学生時代に全然やってこなかったのにも関わらず、失敗がなかなかできない大人になってから、伝えることをやっていこうと思っても、かなり苦労する。

そうではなくて、**どんな失敗も許される学生時代の今のうちに、積極的に伝えることにチャレンジをしていく**ことで、将来社会人になってからスラスラと自分の考えが伝えられるような人間になっておくことをお勧めする。

「苦手だなと思う人」とも話せる方法

きみは、「あぁ、この人苦手だな……」という人はいるだろうか。そのことがダメだ、ということではない。人間、好き嫌いや得意不得意というのは当然あるだろうから、そういう人がいたってなんらおかしくはない。

では、そんな人に対してきみはどうしているだろうか？　関わることを極力しないようにしている、という人もいるだろう。

もちろんそれでもいいんだけど、これから将来大人になった時に、より活躍できる大人になりたい！　というのであれば、きみに僕から先輩として助言するのであれば、

「苦手だなと感じる人とも、話をするトレーニングをしておこう」ということだ。

なぜ、苦手だなと思う人とも話せるようになったほうがいいのだろうか。

それは、**「社会に出ると、自分の苦手だと感じる人とも円滑《えんかつ》にコミュニケーションを取ることが求められるから」**だ。


知人のGさんも、苦手なタイプの人と話すことを極力避けてきたような人間だった。社会人になって会社で勤めるようになると、本当に様々な人がいてビックリしたそうだ。

学生時代までは、クラスメイトや部活のメンバーなどいろんな人がいても、正直「自分の好きな人とグループをつくればいい」という感じだと思う。

なので、自分の気の合う友達とだけ一緒にいることができる、そういった自由さはあった。

ただ、社会人になるとそうともいかない。年の離れた上司、生まれ育った環境も全然違って、価値観も全然違う人……様々な人達が同じ職場で朝から晩まで過ごすのだ。

仕事というのは、たったひとりで成立するわけではない。彼はお客様のところへ出向いて営業をする担当だったが、営業をしてきてお客様から頂いた書類関係は事務職の方に書類の整備をお願いしないといけない。

また、職場をまとめている上司には仕事での成果を報告・連絡などをしないといけない。

一日仕事をしていれば、本当に様々な人達とコミュニケーションを取っていかないと自分の仕事は成立しない、そういうものなのだ。

彼は、職場にすごく苦手な人がいた。でも、その苦手な人とも、仕事をするうえでは必ず話をしないといけない状況だった。彼は、苦手な人と話すことが、とても憂鬱《ゆううつ》で嫌だなとずっと思っていた。

そして、そういう気持ちでいるとやはりコミュニケーションというのはうまくいかない。相手からも良く思われないので、仕事をスムーズにしていくうえでも、かなり大変な思いをした。

だから、今思うのは、**学生のうちから、苦手だと感じる人ともコミュニケーションを取ることに慣れておく**こと。

苦手な人というのは、「考え方」が単に違うだけなんだ、と割り切って話ができるようにすること。そうすれば気にせず話せるようになるからやってみよう。

立場が違えば、考え方が違う

前のページで伝えたことにも重なってくるけど、社会に出たら本当に様々な人達と接することになる。そうなった時に困らないようにするために、今からできることは何か。

それは、**「先輩、後輩、先生、まわりの大人」など年齢や立場も違う人達とたくさん話す、**ということだ。

年齢や立場が変われば、何が変わってくるかというと、その人自身の「価値観」が変わってくる。**「価値観」というのは、その人自身が持っている「当たり前のモノサシ=基準」**だ。

きみが「当たり前」だと思っていることが、他の人にとっては「当たり前ではない」

ということだ。そのモノサシというのが、みんなバラバラであり、年齢や立場が異なれば、さらにそれが大きく変わってくるということなんだ。

たとえば、年齢が自分よりも上の先生や大人ときみとは、生まれ育った時代背景はまったく違う。僕はきみの2倍は人生を生きていると思うが、僕がきみと同じ年齢だった学生時代には、まだスマートフォンなんて世の中にはなかった。パソコンやスマホの画面を通して、仕事や学校の授業を受けるなんてことはあり得なかった。有名企業が次々に潰《つぶ》れていくなんて悲惨な世の中ではなかった。それくらい生きてきた環境が違えば考え方も違ってくる。

将来大人になってから、様々な人達とうまくコミュニケーションを取って仕事で活躍できる人になるために重要なのは、**「自分と異なる相手の価値観を理解して話す」**ということだ。

きみにここで質問をしたい。どうしてケンカは起こると思う？　考えたことがあるだろうか？　その答えは、「価値観の押し付け合い」をしているからだ。価値観というのは、そもそもお互い違って当たり前だ。

でも、そうであるにも関わらず、人間は勝手に「価値観（＝基準）は一緒で当然」と思いたがる生き物だ。だから、自分の価値観に合っていない人に対して、「なんで同じように考えないの？」と、イラッとしてケンカをしてしまうのだ。

大人になってからのケンカというのは、子どもの時にオモチャの取り合いでケンカをするのとはワケが違う。仕事上でケンカをしてしまえば、仕事が成立しなくなる。夫婦でケンカをしてしまえば、最悪離婚にまで発展してしまう。そんなことは避けなければならない。

きみには大人になって、そんな取り返しのつかない状態になってほしくないので、価値観の異なる人達とたくさんコミュニケーションを取って、様々な価値観を受け入れられる人間になろう。

「数学」を学ぶと、伝える力が身につく？

ここまで、「コミュニケーション」のチカラをどうすれば身につけることができるのか、ということを話してきた。

一番大切なのは、日頃から実際にまわりの人とコミュニケーションを取って、慣れていくということが重要なのだが、学校で習う授業でもコミュニケーションのチカラを鍛《きた》えることはできる。

コミュニケーションというと、「言葉を話す」ということなので、「国語」で語彙力や表現力を磨くというのももちろん大切だ。

ただ、僕は「国語」だけでなく、パッと聞くと意外だな！　と感じる科目を勉強すれば、コミュニケーションのチカラは身につくと考えている。

その科目は何かというと、じつは「**数学**」なのだ。数学というと、国語とは真逆の性質の科目のように捉えられるかもしれないが、**数学を勉強して身につくチカラが、コミュニケーションのチカラを大きく伸ばしてくれる**のだ。

「論理的思考力」という言葉を聞いたことはあるだろうか？　**論理的思考力とは、きちんと道筋立てて、順序よく考えていくチカラ**のことだ。この論理的思考力が身についていれば、たとえば相手と話をした時に、伝えたいことが相手にわかりやすく順序よく伝えることができ、将来仕事をする時には、自分の売りたい商品サービスをお客さんに上手に伝えて購入してもらえるのだ。

日頃のコミュニケーションだけでなく、仕事上でもとても必要な論理的思考力だが、じつはこのチカラは、「数学」を勉強していくと身につくチカラなのだ。

数学を勉強していると、「証明問題」というのがあるはずだ。たとえば、「三角形ABCと三角形DCBが合同であることから、AB＝DCであることを証明しなさい」というようなものだ。

この「証明問題」というのをマスターしていくと、「論理的思考力」が身につくのだ。A＝B、B＝C、なのでA＝Cというように、筋道を立てて物事を考えていくことが、きみのコミュニケーションのチカラをぐんぐん伸ばしていく大切なトレーニングになっていく。

この「論理的思考力」が身につく「数学」と、「語彙力・表現力」が身につく「国語」、そのどちらも大切で、その両輪がうまく機能すれば、コミュニケーション上手な活躍できる大人になれるのだ。

もしかしたら、きみもこんなふうに考えたことはないだろうか？

「数学を勉強して将来役に立つのだろうか？」

僕も学生時代には常々思っていた。「受験勉強には必要だとわかるけど、大人になって数学の勉強なんてどこで使うんだ？」と思っていた。

ただ、今大人になって感じることは、学生時代に学んだ「国語と数学」は、僕の仕事を支える根底のチカラとなっている。積極的に勉強して実践していこう。

話す内容より「表情」が大事

きみにまた大事な話をしよう。コミュニケーションで大事なのは、じつは「言葉」でうまく表現するだけではない、ということだ。

発せられる言葉よりもじつは重要なことがあるんだ。それは何かというと、**「表情」をよく観察する、**ということだ。

きみが誰かと話をしている時に、相手の「表情」をよく見ること。どんな顔をしているだろうか。

きみが話していることはきちんと伝わっているだろうか。どんな気持ちで相手はきみの話を聞いているだろうか。

そういうことを相手の表情からよく読み取ることが大事。**コミュニケーションが上手な人というのは、そういった相手の様子を敏感に察知して話をしている**んだ。

相手が面白くなさそうな表情をしているのに、そのまま話をしていると、相手はさらに面白くなくなってくる。

前のページでも伝えたけど、コミュニケーションというのは「会話のキャッチボール」だ。相手がいてこそのものなのだから、相手を置き去りにしてはいけない。

ここで、コミュニケーションは「発せられる言葉」だけではない、ということをもう少し具体的に教えよう。

コミュニケーションにおいて、**「話の内容＝言語情報」「表情、見た目＝視覚情報」「声のトーン＝聴覚情報」**の3つがそれぞれどれくらい重要なのかを説いた「メラビアンの法則」というものがある。

この3つの要素で、どれがコミュニケーションにおいて重要だときみは思うだろうか？　話の内容？　見た目？　声のトーン？

じつは、**「表情、見た目＝視覚情報」というのが最も重要**で、次に「声のトーン＝聴覚情報」であり、「話の内容＝言語情報」というのは大して重要ではないのだ。

人に影響を与える情報の割合として表すと、「話の内容＝言語情報」はたったの7％

で、残りの93%が見た目や声の様子なのだ。
「どんな内容を喋るか」よりも、「どのように伝えるか」のほうがよっぽど重要なんだ。

とすれば、きみが将来大人になって活躍できる人間になるために、コミュニケーションが上手になりたいと思うのであれば、勉強をして語彙力を高めるだけではダメだ。語彙力を高めても、コミュニケーションでいう、たったの7%の部分を頑張っているだけだからだ。

ではどうすればいいのかというと、きみ自身が表情豊かに話をして、身振り手振りをつけてダイナミックに表現する。
淡々《たんたん》と喋るのではなくて抑揚《よくよう》をつけて喋るなど、**目や耳から受ける情報を豊かにするように意識をする**ことが大切なのだ。

とにかく数をこなそう

ここまでの中で、コミュニケーションのチカラを磨いていくことで、将来に役に立つという話をしてきたが、どうだろうか？

頑張って身につけていけそうだ！　と自信を持てているかもしれないし、一方で「自分にできるんだろうか……」と少し不安になっているかもしれない。

大丈夫！　きみならできる。慣れたらできるようになるんだ。

というのも、前のページで言ったように、僕自身もそうだし、僕のまわりの大人達がコミュニケーションに苦手意識を持っていたけど、うまくいくように努力をした人達がたくさんいるからそう言えるんだ。

友人のGさんは、幼少期からすごく人見知りで、人と話をするのでもすごく緊張してしまって、こんな状態で社会人になって大丈夫なのだろうか、というような人間だった。

そんな彼は、会社に入って営業マンとなり、会社全体で営業成績が1位を取るという快挙だって成し遂《と》げたんだ！

「営業成績1位を取るような人が、もともと人見知りなはずがないよ」と思われるかもしれない。でも事実そうなんだ。

では、そんな人見知りだった彼が、コミュニケーションが上手になり、営業成績が1位を取れるほどになれた理由を話そう。

それは、**「とにかく伝える数を重ねた」**ということだ。

「量は質に転化する」という言葉を聞いたことはあるだろうか。**「最初は上手でなくても、量をたくさん重ねていくことで、その質が上がり、上手になっていく」**ということを表した言葉だ。それはまさにその通りなんだ。

きみも勉強やスポーツをしていて、「量は質に転化する」ということを体感しているはずだ。

最初はなかなかうまくいかないことも、勉強や練習をひたすらやっていくことで、だんだんとうまくいくようになり、今となっては得意になっていることって結構あるんじゃないだろうか。コミュニケーションに関してもそれと一緒なんだ。

彼は、自分自身でコミュニケーションが苦手だとわかっていたので、とにかく数を重ねて上達できるように必死だった。

営業で話す内容をセリフのように文字に起こして、それを会社から帰ってからでも毎日深夜3時くらいまで毎日練習を続けた。

時間があれば、会社の先輩や上司を相手に練習をさせてもらっていた。会社の誰よりも練習をした自負はあると言っている。その努力が実を結んで、営業成績1位という結果となって帰ってきた。

だから、きみもコミュニケーションって難しい、苦手だなと感じていたとしても、きっと大丈夫だ。努力は決してきみのことを裏切らない。

コラム❸

僕のコミュニケーションの失敗談

この章では、コミュニケーションについてたっぷりとお伝えしてきた。ここでは、僕が社会人になって職場で困ってしまった実際の失敗談を話すので、こんなふうにきみもならないように、今のうちから学んでおいてほしいポイントを最後にまとめてみた！

僕が社会人になって一番失敗したコミュニケーションは何かというと、「報告・連絡・相談」という社会人のコミュニケーションの三大原則というものだった。

この三大原則のことを通称、「報・連・相（ホウレンソウ）」と言う。仕事をやった結果を上司に「報告」すること。何かあれば逐一《ちくいち》「連絡」すること。わからない点を先輩や上司に「相談」すること。こういったコミュニケーションが大切なのだが、これが僕はとにかく苦手だった。

学生生活をしていたら、そういうコミュニケーションをするということがそもそも経験上なかったというのもあるが、僕にとって一番ネックだったのが、「相談」だった。

僕は性格的に、なんでも自分ですべて解決したいと思ったり、自分で完璧《かんぺき》にやれると勝手に思っていたので、「相談をする＝仕事ができないヤツ」だと思われたくなかった。だから、この報・連・相がとにかく苦手だった。

報・連・相がうまくできなかったせいで、うまくいかない仕事を自分だけで抱えてしまい、大きなトラブルまで発展してしまった、ということが何度もあった。

その経験から、会社経営をするようになってからは、報・連・相がもっとスムーズにやりやすい環境づくりを自らするようにしているんだ。

ポイント▼失敗したって怖くない！「報・連・相」が大人になると大切だ。今のうちから、些細《ささい》なことでもいいから、悩んだり困ったことがあれば、まわりの人に相談するクセをつけていこう。

第4章

「頼る才能」
まわりの人に「頼る力」を活かそう

人の才能を生かし、チームで大きな仕事ができる大人になるために

〈残念な大人〉

・助けを求められずに、仕事がうまくいかない大人になってしまう

・家族の関係もギクシャクしてしまう大人になってしまう

〈活躍できる大人〉

・助け合える豊かな人間関係をつくれる大人になれる！

・チームをつくり、ひとりでは実現できない大きな仕事ができる大人になれる！

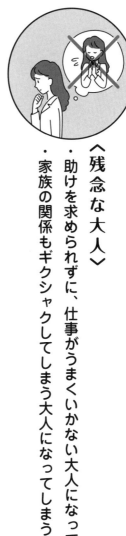

与える者は、与えられる

きみは、まわりの友達が何かで困っていた時に、「こんなことなら助けられる」と思える何かを持っているだろうか？

勉強を教えることだっていいし、友達の輪に入れてあげることだっていい。なんでもいいから、何かで友達の役に立ってみよう。

ここできみに一つ、有名な言葉を教えよう。

「与えるものは、与えられる」

どういう意味かというと、**「まず誰かに対して手助けや何かを与えることで、自分にも与えてもらうことができる」**という意味だ。

自分に何かしてもらいたい、助けてもらいたいと思ったとしても、自分が与えてもらうことばかりを考えていては、それでは与えてもらえない。

まずは、**誰かに自分から手助けをし、与えることによって、それが「ありがとう」となって返ってくる**ということだ。

この考え方というのは、きみのような学生時代でももちろん大切なのだが、大人になるとより重要になってくる。

第3章でも伝えたけど、社会人となり仕事をするようになると、ひとりで完結するような仕事はない。そうなると、仕事に関係する人達でお互いに支えあいながら、仕事をしなければ前に進めない。

また、仕事をするようになると、今までやったことのないことばかりで、どうすればいいかまったくわからない、誰か助けて……と、ヘルプを求めなければならない場面ばかりである。

そんな場面が来た時に、**助けてもらえる人になるには、「まずは人を助けられる人」になっておく**ことだ。

「あの人は、いつもまわりの手助けをしている人だから、彼が困った時には自分も手助けしよう」「あの時、僕も助けてもらったから」などと、人から思ってもらえていれば、もし困った時には、すぐにまわりはきみのことを助けてくれる。

大それたことをする必要なんてなく、些細なことでいいので、友達、先生、両親、兄弟、祖父母、近所の人、サークルの仲間等、身近な人の役に立ってみよう。

その人達からもたらされる小さな「ありがとう」の積み重ねが、きみをますます成長させてくれるだろう。

仕事というのは、「誰かの役に立ち、お金をいただくこと」である。**「ありがとう」をたくさん受け取れるきみは、将来たくさん仕事が舞い込んでくる大人になれる。**

みんな違って、それでいい！

きみは、自分がどんな人間なのかを深く考えたことはあるだろうか？　自分はどんな性格で、何が得意で何が苦手で、何が好きで何が嫌いか……など。

そして、自分だけでなく、友達などまわりの人についても同様に考えたことはあるだろうか？　恐らく、あまり意識したことがないに違いない。

当たり前かもしれないが、きみとまわりの人とは違う。似ているところもあれば、全然違うところもある。みんな違って、それでいいのだ。


ここで大切なのは、**「『自分と相手の違い』をきちんと理解する」**ということだ。

最もやってはならないことは、「自分がこう思っているから、相手も絶対にそのように思っていて当然だ」と決めつけてしまうことだ。

ケンカやいじめの原因は、間違いなくこれだ。違う考えや違う立場の者同士が一緒にいれば、考え方が一致せずに衝突《しょうとつ》することもある。

「この人は、自分の考えばかりを押し付けてくるから嫌だ」「こいつは、なんか気に食わないから除《の》け者にしよう」なんてことが起こるからだ。

でも、そんな時に「自分と相手の違い」をお互いに理解していればどうなるだろうか。**違っているものを「排除しようとする」のではなく、「受け入れる」ことができる。**

「あの人は、自分と違う○○な部分が気に入らない」ではなく、**「違うからこそ○○な部分を尊重しよう」**と考えるようになる。

たとえば、きみがじっくり慎重に物事を考えて進め、発言も言葉を選んで喋る、おとなしい性格だとする。一方で、Aくんという友達は、きみと正反対で考えなしに次々に行動し、思ったことをズバズバ言ってくるような性格だとしよう。きみはきっとこう思う。

「なんだよ、もっと考えてから行動しないと！　言いたいことばっかり言ってさ！」

向こう見ずな性格が嫌に感じてしまうかもしれない。

ただ、ここで「受け入れる」という選択ができるようになると、こんな変化が起きるはずだ。

「確かに僕とは考え方が違って違和感はある。ただ、Aくんは僕と違って積極的に発言できていて、尊敬できる。どうすれば、そんなに次々に発言できるのか聞いてみよう」

という感じだ。自分と相手の違いを受け入れれば、相手を尊敬し、なぜそんなことができるのか聞いてみたくなるのだ。

相手の違いに対して、「でも」「それは絶対おかしい」と反発するのではなくて、「なるほど」「確かに」「そうだね」と受け止めることを意識してみよう。

成長とは「新しく変化すること」

きみは、これからもっともっと「成長」していきたいと思っているだろうか？　この質問に対して、「イエス」と答えるのであれば、絶対に押さえておきたいことがある。

それは、**「成長とは変化すること」**である。これまでの自分とは、違う自分になっていくということ。つまり、**「新しい自分に変わっていくことが、成長している」**ということなのだ。

なので、学生時代もそうだが、大人になってからも、新しい自分に前向きに「変化」

をしていかないと「成長」はしていかない。

だがじつは、残念なことに**人間というのは「変化」が怖い生き物だ。成長したいと思っても、変化することが怖いがために成長を拒《こば》んでしまう。**

人間には、「恒常性維持機能」と言って、環境が変化しても体の状態を一定に保とうとする働きがある。たとえば、暑くなったら体は勝手に汗をかいて体温を下げようとする、これもこの機能によって起きる現象だ。

こういった身体的なこともそうなのだが、脳の働きや心についても恒常性維持機能は働く。たとえば、**「新しいことにチャレンジする時は、不安になってドキドキしてチャレンジするのをやめてしまう」**、これもじつはこの機能によって起きることだ。

新しいことにチャレンジするというのは、自分がこれまで経験したことのないことをやることで、違う自分になっていくことになるため、新しい自分になることを身体が拒否する。

この機能が厄介《やっかい》に作用し、人間の成長を止めてしまう。成長が止まってしまえば、成長をした人に次々と追い抜かれてしまって、活躍の場を失ってしまうのだ。

大人になってから、活躍できる人間になるためには、**「どうすれば成長を止めないようにできるのか」**についてわかっておいたほうがいい。

成長できる自分になるための一番のポイントは、**「他の人の意見や新しい視点」を積極的に取り入れる**ことだ。自分の考えだけでいるのをやめて、あえて違う考え方や新しい考え方を取り入れる努力をする、これが重要である。

他の人の意見や視点を取り入れようとすると、これまでの自分の考え方をガラッと変えていくことになる。

そうすると、ものすごく「違和感」があるのだ。自分のものではないものが身体の中に入ってくるので、自分が変わらないように、その新しいものを排除しようとする。

だが、ここでしっかりとその考えを取り入れることができれば、変化することができて、成長につながるのだ。

「なんか心がザワザワするな」と思えるような、別の人の考えや新しい考えに触れた時、それはきみの成長のチャンスだ！

「苦手なこと」は、他の人に任せよう

きみは、「苦手なことはなんですか？」と聞かれると、なんと答えるだろうか？ たとえば、みんなの前で発表をすることとか、勉強する科目の中でも苦手科目があったりするだろう。

確かに、苦手なことを克服して、成長することももちろん大切なことだ。ただ、きみに伝えたいことがある。

「苦手なことを無理して頑張る必要はない」

ということだ。

賛否両論あると思うが、大人になってからは特に、苦手なことは頑張らなくていい。たとえば、知人の経営者のHさんは、細かな数字や書類の管理がとにかく苦手だ。毎年、毎月、毎週、毎日の細かいお金の管理などをするのは非常にめんどうくさい。

彼が最初に就職した営業の仕事はカッチリとした管理の仕事が多く、書類やデータ

が山のようにあり、管理を強《し》いられる。それが彼はとにかく苦痛だった。
営業をして契約はいっぱい取ることは得意だが、その契約書の管理や数字管理はまるでダメだったので、よく上司に怒られていた。

独立して会社を経営するようになって、細かな数字の管理がなくなったかというと、もちろんそんなことはない。会社の売り上げや経営計画など、小難しいことはたくさんある。

では、彼はどうしているかというと、その管理を今はまったくやっていない。「税理士」さんという、会社の数字を管理してくれる専門家にすべてを任せている。
彼は、会社員の時に味わった苦痛から、今は解放されて、自分の得意なことにだけ専念できている。

自分の「苦手なこと」を無理やり頑張ろうとするとどうなると思う？　気持ち的にもすごくしんどいし、何よりうまくいかない。
特に大人になり、仕事をするようになると、「苦手なこと」を無理して自分で頑張ろうとしないことが大切だ。

彼は新しいことを企画したり、営業をすることは得意だが、数字や書類の管理は大の苦手だ。

その一方で、彼が得意なことが苦手で、彼の苦手なことが得意な人が世の中にはいっぱいいるんだ。であれば、**自分の苦手なことをその人に任せてしまえばいい。**

第1章にも書いたけど、きみが活躍できる大人になるには、**得意なことを集中して伸ばすことのほうが重要**だ。

きみの苦手なことが得意な友達はいないだろうか？　また、きみは得意だけど、それが苦手な友達はいないだろうか？

そういう視点でまわりを見ることだ。そうやって助け合える関係づくりができれば最高だ。

「できないこと」があったっていい

きみは、テストで100点を取れたら嬉しいかい？　まぁ、嬉しくないと答える人のほうが少ないだろう。できれば、すべての科目で100点が取れ、成績表もすべての科目で評価が高いほうがきっといいに決まっている。

もちろん、成績が良く評価が良ければ、今後の進路もいいところへ行けるし、親にもまわりの人にも喜んでもらえる。それは間違いない。

でも、そのことで自分を苦しめないことだ。僕は「全部完璧じゃないとダメだ」と思って、学生時代かなり自分のことを苦しめた。そんなエピソードがあるので、この章の最後にまとめて書こうと思う。

繰り返すけど、人は誰しも得意なことと苦手なことがある。すべてを上手にできることなんてできやしない。

これが当たり前なんだけど、**大人になると多くの人が「自分ですべて完璧にしないと！」と自分を苦しめる人が多い。**このことを、「完璧主義」と言うんだ。

この「完璧主義」というのは、非常に厄介だ。自分ですべてを完璧にしないと気がすまないという気持ちになってしまうので、他の人に頼らずに自分でやろうとしてしまう。苦手なことやわからないことは、自分でできるはずがないのに。


たとえば、前のページでも言ったように、Hさんは数字や書類の管理がとにかく苦手だ。

会社で仕事をしていた時は、この数字や書類の管理が膨大《ぼうだい》にあった。「うわ、苦手だな」と感じた時から、「人に任せよう。人に相談しよう」という考え方に切り替えることができていればよかったのだが、その時に彼自身の「完璧主義」が発動した。

「いや、自分の仕事なんだから自分でやり切らないと」


これが、悪い方向に転がっていった。人に相談することなく、自分でやろうとしたばかりに、まったく解決方法がわからず大きなミスをしてしまった！

彼は、「わかりません」と会社の上司に言うことが悪いことだと思っていた。自分の仕事なのに、わからないって言うことなんてあってはならないことだと自分で勝手に解釈《かいしゃく》していた。

でも、そうではなかったんだ。それ以上に、わからないことを自分でやってしまって、大きなミスに発展してしまうことのほうが大問題だった。

彼だけではない。多くの大人が「完璧主義」に苦しめられている。

それは、どうしてもこれまで受けた学校教育では、**「100点満点を取ること＝すべて自分でわかっていること」がいいことと教えられてきたから**だ。人に、「わからない」と気軽に言えない。

この本を読んでいるきみは、僕や他の大人達が苦しんだ教訓を活かそう。

完璧じゃなくていいんだ。

わからないことがあったって、恥ずかしいことなんてない。

まわりに頼っていいんだよ。

共に助け合える仲間をつくろう

きみは今部活動や学校外での活動、習い事などに取り組んでいるだろうか？　学生時代から、チームスポーツやグループ学習などで、**積極的にチームの関わりを増やしていくことをとてもお勧めしたい。**

それはなぜか？　ここまで何度も繰り返し伝えているが、仕事はひとりで完結するものはないからである。

僕のお客さんのJさんは、中学生になって部活動が始まり、バドミントン部に入部した。バドミントンというのは、基本的にひとりでやるシングルスと、ダブルスでペアを組んでするスポーツだ。なので、どちらかというと個人競技の部類に入る。

彼の性格からすると、正直チームスポーツは苦手だったということもあるが、小学生時代にサッカーや野球などのみんながやっているスポーツ系の習い事はまったくやっていなかったので、バドミントンを選択した。

みんなと連携《れんけい》して取り組む必要があるチームスポーツより、自分と向き合って黙々と鍛錬していくことのほうが性《しょう》に合っていた彼は、メキメキ上達し、一年生ですぐにレギュラーになれて、地区大会でも入賞するほどの実力がついた。


ただ、その中でも、彼が後悔していることは、推薦《すいせん》されていたにも関わらず、部長や副部長にならなかったことだ。

自分は、そんな部長や副部長をするような器ではないと思い、遠慮してしまった。

「もし、そこで経験できていたら、チーム全体をまとめる経験ができたのではないか」とこぼしていた。


学校やその他の活動でも、チームやグループで活動できる機会というのは非常に貴重である。

自分ひとりのことであれば簡単にできることでも、**他人と複数人で関わる必要のあるチームで、みんなが足並み揃《そろ》えてうまくいくようにするのは相当大変**である。

その経験を大人になってからいきなりするよりも、**学生のうちから経験しておくことで将来必ず役に立つ。**

僕の好きな言葉がある。

「早く行きたいならひとりで行け、遠くへ行きたいならみんなで行け」

自分ひとりでは叶えられない夢や目標がきみにあるなら、共に助け合える仲間と一緒に行くんだ。

「自分の役割」は、なんだろう？

きみは部活や委員会に入っていたり、クラスでの係などがあるだろうか？　そこで、自分に「役割」はあるだろうか？　部長や委員長などの役についているという場合はもちろんのこと、そういった役についていなくても、「自分の役割」が何かを考えたことがあるだろうか。

「いや、僕はそういった役がついてないからなぁ」

という人こそ考えよう。人は皆、「自分だけの役割」というものがある。

友人のKさんは、教室の窓際の隅っこで本を読むか、ノートにずっと絵を描いているようなタイプだ。

そんな彼も、中学生時代からは、なぜかクラスの人気者になっていた。それは、「イラストや漫画を描くことが好きで、先生や友達の似顔絵を描くのがうまかった」からだ。

彼は、明るくリーダーシップを発揮することは苦手だが、クラスの仲間を楽しませ、明るい雰囲気《ふんいき》をつくる人気者の「役割」を演じたのだ。

もし、彼がずっと「あぁ、僕は何もできないやつだ」と思っていれば、人気者になることはなかった。

ただ、「自分は自分なりの役割があるんだ」と思い、行動したから、クラスの中で、欠かすことができない存在になったのだ。

また、別の友人のLさんは、中学や高校ではバスケットボール部に入っていた。でも、部活動で部長や副部長にはならなかった。
というのは、自分は部長や副部長という役割よりも、フラットな立場で部活動に参加するほうが合っていると思ったからだ。

だから彼は、いつも一番最初に体育館に行き、練習できる準備を整えていた。そして、自主練を誰よりも早く始めていた。

自ら働きかけて、部長、副部長だけでなく、メンバー全体がよりやる気を出して練習に取り組めるように、自分が先陣《せんじん》を切ろうといつも心がけて動いていた。それが部活動での彼の「役割」だった。

これらのエピソードのように、**部活、クラス、チームの中で、自分がどのような「役割」があるのかを考えてみよう。**

自分にしかできないことはなんなのか、自分はまわりのメンバーからどんなことを求められているのか、などを考えてみることで、どんな動き方をすればまわりにいい影響を与えられるかがわかってくるだろう。

自分に何ができるのか、何が求められているのかがわかれば、それによって自分が

他のメンバーにしてもらいたい部分や頼っていくべきポイントも見えてくる。

人には必ず役割があるのだ！

それぞれが助け合い、それで世の中は成り立っている。きみだけの役割はなんだろうか？

コラム❹

100点じゃなくてもいいじゃない

この章で「完璧じゃないといけない」と思って、「自分を苦しめるのはやめよう」という話をした。僕の学生時代は、今思えばかなり自分で自分を苦しめていたな、と思ったので、その時の様子をまとめようと思う。もちろん、その時の経験があったから成長できた、という良かったこともたくさんあるんだけどね！

僕は、小学校・中学校・高校・大学とすべての学校で「成績1番」を取ることができていたほど、結構勉強を頑張っていた。

もちろん、そんな1番の成績を取ること自体、僕自身が嬉しかったのもあるけど、「成績1番」を取ることを必死に頑張っていたのは、他の理由があった。

それは、「親が喜ぶから」「友達や先生がすごいと言うから」というものだった。

もし、これを読んでいるきみも、かつての僕のように「まわりからどう思われるか」を気にしてテストでいい点を取ろうと頑張っているのだったら、よく考えてみよう。

大事なのは、「他の誰でもないきみがどうしたいか」なのだ。

僕は、「親を喜ばせたい」「みんなからすごいと言ってもらいたい」ということを第一に勉強を頑張っていた。

その気持ちが空回って、「絶対1番、１００点じゃないといけない！」という考えになってしまった。

1番を取れなかった、１００点じゃなかった時は、ひどく落ち込んだし、恥ずかしくて悔しくて、誰にもその結果を知られたくないとも思ってしまった。

きみは、他の誰のためでもないきみのために頑張ることだ。

親やまわりの誰かに決められた道を進むのは、きみの人生ではない。

きみの好きなようにしていいんだ！

前を向いて歩いて行こう。

第5章

「導く才能」みんなを引っ張る「リーダー力」を身につけよう

多くの人から信頼、信用され、頼られる大人になるために

〈残念な大人〉
・人にうまく利用されるだけの大人になってしまう
・他の人に頼っているだけで文句ばかり言う、
器の小さい大人になってしまう

〈活躍できる大人〉
・たくさんの人から頼りにされる大人になれる！
・人、仕事、お金に恵まれる幸せな大人になれる！

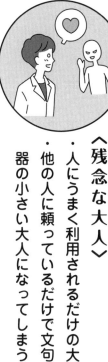

「積極性」を磨いて、「主体性」のある人へ

きみは、授業で積極的に手を挙げて発表をしているだろうか？　自信を持って「できている」と言える人もいれば、そうでない人もいるだろう。

将来大人になって、活躍できるような人間を目指しているのであれば、ぜひ授業でしっかりと発表できるようになっておくことをお勧めする。

次から次へと仕事が舞い込んで、活躍できる大人に必須な条件とはなんだと思う？

それは、**「主体性がある」**ということだ。**「主体性」「自主性」「積極性」**……なんだか似たような言葉があるが、きみは違いがわかるだろうか？

授業で「積極的に」発表しようということでの「積極性」と「主体性」とは、どう違うのだろう。ちょっとここで考えてみよう。

まず、「積極性」とは、辞書で調べると「物事に対して自ら進んで働きかけたり、一定以上の意欲を持ったうえで取り組んだりする様のこと」とある。

自ら進んで行動するのだが、どちらかというと「他人から勧められて行動する」というう、まわりからの働きかけによって起こされる行動と言える。

次に、「自主性」とは、「他人から何らかの働きかけや指示、あるいは干渉《かんしょう》をされる前に、もしくはそうした働きかけがない状況で行動を起こすこと、もしくは行動を起こしている様のこと」とある。

積極性のような、他人の働きかけはないのだが、なんのために行動するのかというと、「他人がやってほしいこと」をやるという感じだ。

では、「主体性」はどうだろうか。「主体性」とは、「自らの意志や判断に従って行動すること、もしくは行動する様のこと」とある。

つまり、自分で目的意識を持って、自分がやるべきと思ったことを自らやる、ということなのだ。

「自分で考え、自分で行動する」それが主体性ということであり、そういった主体性を持った人が、世の中では求められているんだ。

言われたことだけしかできない人は、これからの時代ではますます必要とされなくなってくる。

ＡＩがさらに発達してくると、決まり切った画一的な仕事というのは、ＡＩのほうが正確で迅速《じんそく》に仕事をしてくれる。

そうすれば、言われたことだけしかできない人というのは、ますますＡＩに仕事を奪われてしまうのだ。

最終的に「主体性」を身につけるためにも、**まずは「積極性」を磨くことから始めるのだ。**

その一番いいトレーニング方法が、**「授業で発表をする」**ことだ。間違ったって大丈夫。自信がなくたって大丈夫。「はい！」と手を挙げて、自分の意見を言うことで、自信は後からついてくる。きみの意見や発表を、まわりのみんなも聞きたいと思っている。

「リーダー」に立候補しよう

きみは、クラスや部活、委員会など、何かしらで「リーダー」になったことはあるだろうか？ もし、これまであまり経験がないというのであれば、これからは勇気を持ってリーダーになることにチャレンジしよう。

なぜリーダーの経験をしておく必要があるのかと言うと、**これからの時代は「全員がリーダー」になることが求められてくる**からだ。

そんなことを言うと、恐らくこのように思っているかもしれない。

「いやいや、そんなリーダーなんて限られた人だけがなるものでしょ」

確かに、学校で言う「リーダー」とは、部長や委員長など、グループやチームの中の限られた人だけが選ばれるポジションというイメージだから、そのように思ってしまうのも当然のことだろう。

就職して会社員や公務員として仕事をするということになったら、「課長」「部長」などのように役職がついて「リーダー」となる人もいれば、役職がつかずにリーダーポジションでない人もいる。

ただ、これからの時代は、繰り返しになるが**「自分ひとりのチカラだけで仕事ができる人間になる」**ことが全員に必要になってくる。

となれば、組織やチームに所属をすることがなく、たったひとりだったとしても、自分で自分を引っ張っていく「リーダーシップ」が必要となってくる。

前のページでも伝えたように**「主体性」を持ち、誰かに言われてやるのではなく、自らの意思で次々と道を切り拓いていけるリーダーとして生きていく**ということだ。

そんなリーダーシップを発揮できる人間になるためにも、今のうちからリーダーになれるチャンスがあれば、積極的に立候補していくことをきみにお勧めする。

学校でリーダーを経験すると、たくさんの学びを得ることができる。自分以外の他のメンバーの意見を聞いてまとめること、チーム全体の方向性を指し示して引っ張っていくこと、リーダーとして大事な場面で最終決定の決断を下すことなど、リーダーにならなければ、体験できないようなことがたくさんある。

いきなり「学校全体の代表をしよう」なんて大きなことを考える必要はない。まずは、クラスの係やグループ活動でのリーダーという小さな集まりでのリーダーから始めてみる。

そこでリーダーとしてのやりがいを感じることができたら、もう少し大きなところでのリーダーにチャレンジしてみよう。

信用される人の必須条件とは

将来、活躍できる大人になるためには、たくさんの経験や知識、チカラを身につけておく必要がある。ただ、そういった具体的な経験や知識などよりも、大前提として大事なものがある。

これがなければ、むしろ経験や知識が豊富であったとしても、次々と仕事が舞い込むような大人には絶対になれない。

それは一体何かというと、**「信用されること」**である。**「信用、信頼されるというのは、人として最も大切なことである」**と胸に刻んでおこう。

では、どうすれば、その「信用される」人間になることができるのだろうか？

それは、まずは**「礼儀《れいぎ》や約束事を必ず守る」**ということだ。

まず礼儀で大切なことは、**「挨拶《あいさつ》」**である。おはようございます、さようなら、失礼します、そういった基本的な挨拶を気持ちよくすること。それだけで、まずはいい印象を持ってもらえる。

そして、最も大切なのは、**「ありがとう」**をたくさん言えることだ。些細なことであっても、感謝の気持ちを持って接するということ、それこそが信用を持ってもらえる基盤になる。

「この人は、いつも『ありがとう』って言ってくれて気持ちのいい人だな」という印象を持ってもらえれば、いい人間関係が形成できる。

また、**「約束事を必ず守る」**ということも非常に大切だ。特に大事なのは、**「時間を守る」**ということだ。平気で遅刻してくる人、言われたことをやってこない人、そんな人に対してきみはどう思うだろうか？　もし、クラスの友達に対して、「あぁ、この人は僕との約束を守ってくれないんだな」という印象を持ってしまった人がいるとすれば、その子と一緒にいたいと思えなくなってしまうのではないだろうか。

学校生活で言うと、授業に遅れてくる人、宿題をきちんとやってこない人。こういうことが続く人は、学生時代の今ももちろんのこと、将来大人になってから、かなり困るのは間違いない。

学校生活は、大人になって社会に出てから困らないように、トレーニングをする場とも言える。

授業にきちんと定刻通りにやってくることで「時間を守る」ということを、宿題をいつもきちんと提出することで「期日を守る」ということを、そういった大事な約束事を守れる習慣づくりをしているのだ。

人から信用してもらうまでには、これらのことを時間をかけてコツコツと続けていって積み上げていく必要がある。

その一方で、信用をなくすのは一瞬《いっしゅん》だ。たった一つの礼儀のなさや約束破りで、積み上げてきた信用は崩壊してしまう。今のうちから、信用される人間になる準備をコツコツとしておこう。

「有言実行」の人はカッコイイ！

きみには、「カッコイイ大人像」みたいなものがあるだろうか？　ちなみに、きみの先を行っている僕は、学生時代そして社会人となり、いろんな人を見てきたが、その中でも「こんな大人はカッコイイ」という人物像があるんだ。

それは、**「有言実行の人」**だ！　自分が言ったことを必ず実現する、そんな人はカッコイイ。そして、これからの時代に活躍できる人というのは、まさにそんな人なのだ。

では、なぜ有言実行の人が、活躍できる大人になれるのかを考えてみよう。まず、有言実行ではなく、その反対の**「有言不実行の人」**はどんな人なのか。

つまりは、口では一丁前に言うけど実際にはやらない、という人のことだ。そんな人は、まわりの人からどう思われるのかと言うと、

「アイツは、ああ言ってるけど、結局やらないからな……」

と思われてしまう。

前のページの話に繋がるが、こんな人は信用されない。**信用できない人には、仕事を任せようと思わない。**仕事に限らず、もし今友達でそんな人がいたら、一緒にいようと思えないだろう。

一方で、**「有言実行」の人は、言ったことは必ずやる人だ。**

「絶対に僕は○○をします！」

と強く宣言したら、その後には必ずやり遂げている。そうなれば、まわりはこう言うだろう。

「あの人は、自分が宣言した通りのことをいつもやる人だ」

信用を飛び越えて、尊敬されてしまうほどになるだろう。**そんな人の元には、仕事が次々と舞い込んでくる**のは目に見えている。

きみも「有言実行」できるような人になりたいだろう。

ではここから、有言実行できる人になるために大切な3つのポイントをまとめてみよう。

まず大切なのは、**「実行する目標を何にするかを決める」**ということだ。今であれば、「テストで5教科400点を取る」でも「県大会で優勝する」でもなんでもいい。きみが目指したい目標を、まずはザックリと決めてみよう。

次は、その**「目標が本当に達成できるようなものなのかをチェック」**しよう。目標を考える時に大切なのは、大きすぎる目標ではダメで、ちょっと背伸びしたくらいで届くくらいの大きさの目標がベストだ。

目標が大きすぎると、達成するのが難しくて、挫折《ざせつ》経験になり逆効果だ。**「ちょっと頑張れば、達成できるくらいのサイズの目標」**にしよう。

そして、その**「目標をしっかりとまわりの人に宣言して、実際に達成に向けてアクションしていく」**のだ。

きみの夢や目標はなんだろう。その大きくてキラキラと輝く夢や目標を叶えられる自分になるには、まずは目の前のことから「有言実行」を意識して頑張っていこう。

「憧《あこが》れの先輩」をお手本にする

きみには、「こんなふうになりたい」そう思えるような「憧れの先輩」はいるだろうか？　もしきみに**そんな先輩がいるのであれば、ぜひお手本にして、まわりの同級生や後輩を引っ張っていこう。**

お手本にするというのは、実際にどうすればいいのかというと、緊張するかもしれないけど、**「ずっと横にくっついて、どんなことを考えているのかを聞き、どんなことを意識して行動しているのかを真似《まね》する」**ということだ。

知人のLさんは、中学の部活動で卓球部に入部した。それまで経験のなかった競技だったので、上達するようにとにかく練習をした。

早く試合にも出たいし、試合に出たら絶対に勝ちたいと思っていた。練習には一番乗りに来て、家に帰ってからも毎日自主練をずっとしていた。

でも、なかなかうまくならない。自分なりに必死にやっているんだけど、全然うまくならない。どうしてだろう……。

そんな時に、彼は部長である先輩のことを思い出した。彼が憧れていた先輩だ。当時地区大会では、毎回優勝しているほどの実力の持ち主であり、しかも部員60名を見事にまとめるリーダーシップも発揮している大先輩だ。カッコよすぎて、話すことが緊張してしまうほどのオーラを放っていた。

勇気を振り絞って、その先輩に聞いてみた。

「どうすればもっと上手くなりますか？」

　すると、先輩は優しく指導をしてくれたではないか！

「Lくん、僕のやっている通りに真似してみればうまくなるよ」

　そう言われて、ラケットの持ち方からフォーム、声の出し方まで見様見真似でやってみた。練習の日はずっと先輩の様子を見て、自分に落とし込んでいった。

　すると、メキメキ上達していき、気づけば1年生で、レギュラーになることができたのだ！


　そして、次は同級生や、後輩部員に対して、先輩にしてもらったように、優しく指導することを始めた。そうすると、まわりも上達していったのだ。

　そして、彼が先輩に言ったように、

「先輩のように上手くなりたいんですが、どうすればいいですか？」

と聞いてくる後輩が増えていった。

　こんな先輩みたいになりたいと思って、お手本にしてリーダーシップを発揮していたら、気づけば自分がそのように思われる存在になれていたんだ。

リーダーとして導いていく人になるにも、最初は真似から入ろう。お手本もなく、いきなり上手にリーダーシップを発揮できる人なんていない。まずは、憧れの先輩を見つけてみよう。

「小さな声」にも耳を傾《かたむ》けられるのが真のリーダー

ところできみは、「リーダー」とは、どんな人のことをイメージしているだろうか？グイグイと引っ張っていく、意見を自分が積極的に出していくような人がリーダーにふさわしいと考えてはいないだろうか？

じつは、自分が意見を出すというのも、もちろん必要なチカラなんだけど、もっと必要なチカラがある。

それは、**「率いるメンバー一人ひとりの声をしっかり聞ける」チカラを持った人がリーダーにふさわしい**のだ。

イメージしてみよう。まず、きみがリーダーではなく、メンバーのひとりであった場合だ。もし、きみが何か意見や、質問があったとして、リーダーがきみの声をすべて無視して、自分の意見ばかりを押し通すような人だったとしたら、どう思うだろうか？

恐らくは、嫌な気持ちになるだろう。「自分の存在を見てくれていないんだな」と感じるからだ。やっぱり人は、自分の話を聞いてもらいたい。

では、そのリーダーが、きみの考えをしっかりと聞いてくれる人だったらどう感じるだろうか。自分の考えを尊重してくれて、すごくいい印象になるし、もっと自分の意見を出しやすくなるのではないだろうか。

やはり、リーダーに対してメンバーの一員というのは、個人的な意見はなかなか言いにくい。自分から言いにくいということをきちんとわかってあげたうえで、リーダーのほうからメンバーに聞いてあげると、すごく気持ちが楽になるだろう。

では、どうすれば人は、リーダーに対して、自分の意見を言いやすくなるのか、というポイントを教えよう。

一番のポイントは、**「相手が言いにくいことを、自分から先に話す」**ということだ。

やはり、自分の意見を言うのは遠慮してしまったり、言いにくいと感じるものだ。それを無理やり引っ張り出して聞こうとするのは無理である。

では、どうすればいいかというと、**「自己開示」**という方法を使う。自己開示とは、自分のことを相手にさらけ出してしまうことで、

「この人は、こんなに自分の思いを伝えてくれたんだから、私も伝えないと……」

と、相手も自分が思っていることを自ら喋ってくれるようになる、というやり方だ。

言いにくいことは、先にこちらが言ってみる。そして、一人ひとりの声をしっかりと聞くことのできるリーダーになれば、みんなから慕《した》われる素晴らしいリーダーになれる。

まわりに「感謝と尊敬」の気持ちを持つ

さらに、こんなリーダーのほうがみんなから慕われる存在になれる。

それは、**「自分のことよりも、メンバーを優先した行動を取れる」**リーダーだ。

チームやグループというのは、わかっていると思うが、たったひとりで成り立っているわけではない。複数のメンバーが、集まってできている。そして、一人ひとり個性や考え方は千差万別だ。

そんな個性や考え方が異なったメンバーをほったらかしにして、自分のことばかりを優先するリーダーがいたら、そのチームやグループは崩壊してしまうだろう。

リーダーというのは、文字通り「導いていく人」のことである。みんなの先に立ち、こっちに進もう！　と旗を持って、先陣を切って引っ張っているのがリーダーである。

もし、その先頭を行くリーダーが知らぬ間に勝手な行動をしたとすれば、ついていく方向性をメンバーは見失ってしまう。また、自分達のことを聞かずに行動するリーダーに、不信感を抱くだろう。

リーダーというのは、目立つ人だ。だからこそメンバーは、リーダーのことは一目置いているはずだ。

そんなリーダーが、自分のことよりも先にメンバーのことを優先する行動を取ったら、どう感じるだろう。

「あのリーダーの○○さんが、自分達のことを先に考えてくれている！」と、さらに尊敬される存在になれる。

ただ、自分のことよりも他のメンバーのことを優先するというのは、簡単そうで難しい。では、どうすれば他のメンバーのことを優先する行動ができるようになるのだろうか。

もっとも大事なこと、それは**「一人ひとりに対して感謝と尊敬の気持ちを持つ」**ということだ。

リーダーとなった時に、最も良くないのは「自分はリーダーだから偉《えら》いんだ！」とおごり高ぶってしまうことだ。そうなってしまうと、自分のことばかりを考えて勝手な行動をしてしまう。

そうではなく、一人ひとりに対して感謝と尊敬の気持ちを持つことで、各メンバーのことを大切に考えられるようになる。

自分ではなく、まずはメンバー一人ひとりに、しっかりと目を向けたリーダーになろう。

コラム❺

「人見知り」でもリーダーになれる?

リーダーは、「人見知り」には向いてない? いや、そんなことはまったくないんだ。

僕は、昔も今も根っからの人見知りだ。そんな人見知りの僕でも、学生の時は委員長などのリーダーになったし、今はまさかの会社のリーダーである、社長・経営者になっている!

人生何が起こるかわからない。なぜ、僕が学生時代も社会人になってもリーダーになれたのか、ということを考えてみる。

まず、大前提として「人には個性がある」ということが大切だ。リーダーと言っても、グイグイと引っ張る明るく陽気なキャラのリーダーばかりではない。冷静に全体をまとめていくキャラのリーダーがいてもおかしくはない。

学生時代も社会人になっても、リーダーは、どちらかと言うと明るくグイグイ引っ張るタイプがほとんどだ。

そんな中で、僕は考えた。

「待てよ。ほとんどが明るいリーダーばっかりな中に、冷静なリーダーがいれば逆に目立つし、おとなしいタイプのメンバーをまとめるのであれば、僕のほうが彼らの気持ちはわかるだろう」

そう考えて、僕はあえてリーダーに立候補してきた。

今も社長として、たくさんのメンバーをまとめているが、僕のまわりには「おとなしくて真面目な人達」ばかりが集まる。

僕は、「人見知り」だからこそ、「人見知りの人達の気持ちがわかるリーダーになろう」と決めたのだ。

だからもし、きみが人見知りであっても、きっと大丈夫だ。僕だってリーダーになれた。チャレンジしてみよう。

第6章

「拓く才能」

知らないことに対する「好奇心」を育もう

既成概念や経験に囚われず、自由な視点で物事に対処できる大人になるために

〈残念な大人〉

・視野が狭く、固定観念で凝り固まった大人になってしまう

・世の中の仕組みを知らないことで、たくさん損をする大人になってしまう

〈活躍できる大人〉

・広い視野を持って、自分の可能性を大きくできる大人になれる！

・働き方やお金を自分が好きなようにコントロールできる大人になれる！

なぜ勉強し、なぜ働くのか

「この勉強は、一体なんのためにやっているのだろうか？」

ふと考えたことはないだろうか？

平日毎日学校に行き、授業を受け、宿題をして、テストを受ける。その繰り返し……。この日常が当たり前すぎて、疑問にすら思っていない人もいるかもしれない。

ただ、きみより先に学生として勉強を続け、大人になって仕事をしている今、きみに伝えたいことはこうだ。

「なぜ勉強するのか、なぜ働くのかをしっかり考えておくべきだ」

きみよりも先輩の僕ら大人は、「なぜ勉強し、なぜ働くのか」ということに関して、学生時代の当時深く考えて答えを出していなかった。素朴《そぼく》な疑問を持っているだけの人がほとんどだろう。

友人のMさんはよく考えていなかったことが災いして、人生の迷子になり、2度の挫折を味わったと僕に話してくれた。

まず1回目の挫折は、大学受験の時だ。きみが中学生であろうと、高校生であろうと今勉強している一つの大きな目標は、きっと大学受験だろう。

彼は、中学校でも高校でもテストの成績は学年トップの成績を出している、いわゆる優等生であった。

そんな彼だったので、目指していたのは京都大学・大阪大学といった難関国立大学だった。

彼自身も絶対に合格できると思っていたし、まわりの人達も合格するのが当たり前だと思っていた。

でも、彼は不合格だった。なぜか？

「その大学で何を、なぜ学びたいのかを、まったく考えていなかったから」だ。

受験ギリギリまでは受験勉強を頑張れていたのだが、直前になり目的意識を見失って、勉強の熱が突然覚めてしまったそうだ。

「僕は、なんのために必死で勉強しているんだろう……」
そう思った瞬間に、勉強が手につかなくなり、迷子になったという。

そして、2回目の挫折は、社会人4年目の頃だ。誰もが羨む大手のメーカーに入社でき、入社してすぐに営業成績全国1位になることができた。まわりから見れば、順風満帆《ぷうまんぱん》に見えたかもしれない。

《じゅん》

ただ、3年目の頃から上司から厳しく当たられるようになり、会社内でのイジメにあうことになった。

それと同時に自分の気持ちの中でも、こんな疑問が湧《わ》いてきたという。

「僕は、なんのためにこの会社を選んで働いているんだろう」

そう思った瞬間に、仕事ができなくなり、迷子になった。

生きる価値すらも見出せなくなった彼は、人生の谷底にまで落ちてしまったのだ。

そんな2つの挫折を味わった彼の話もそうであるし、僕も同様の経験をしたからこそ、きみにどうしても伝えたい。

「なぜ勉強するのか、なぜ働くのかをしっかり考えておく」

彼は、まったくその2つを考えていなかった。いや、考えていなかったというよりむしろ、**「自分がどうしたい」ではなく、「まわりからどう見られるか」しか考えていなかった**のだ。

難関国公立大学に行けば、皆からすごいと言われる。

大手の会社に入社すれば、すごいと言われる。

そんな理由で学校選びと会社選びをしてしまったのが、すべての原因だった。

この本を、中学生や高校生のうちに手に取ってくれているきみには、僕や彼らと同じ失敗をしてほしくない。

「なぜ勉強し、なぜ働くのか」のきみなりの答えを出してみよう。

今ある仕事、これから生まれる仕事

僕が、きみくらいの年齢の時に「もっとしておけばよかったな」と後悔していることとがある。それは、**「世の中にどんな仕事があるか調べておくこと」**だ。

僕は勉強こそ頑張っていたものの、将来自分がどんな仕事をするのかというイメージすらもまったくしていない状態だった。


どんな仕事があるかを考える時、真っ先に思い浮かぶのは自分の親の仕事だろう。

そして、自分が住んでいる地域には、どんな仕事をしている人がいるのか、そういった身近なところから仕事をイメージしていくことがほとんどだと思う。

そういった身近なところから、**「世の中にどんな仕事があるのか、今後どんな仕事が生まれるのか」**というアンテナを立てておこう。


今どんな仕事があるのかを調べる手段は色々とある。

まずは、自分が住んでいる地域を見渡してみよう。いろんなお店や事務所などがあるはずだ。

そして、さらにそういったお店や事務所と取引のある仕事も、じつは目には見えていないところで存在する。

たとえば、レストランに行ってみて、「仕事探しアンテナ」を立ててみよう。

接客をしてくれるウェイターやウェイトレスがいる。

厨房《ちゅうぼう》にはコックがいる。

案内されたテーブルをつくってくれる職人がいる。

きみが手にとって食べたいものを決めるメニュー表をつくるクリエイターがいる。

そして何より、その口にしたご飯や野菜を生産する農家の人、お肉やお魚などを市場に卸《おろ》してくれる畜産業や漁業の人など、数え切れないほどの人達が、それぞれの仕事をしてくれて、きみはレストランに行ってご飯を食べられている。


では、そういった仕事が10年後どうなっているか想像してみてごらん。

もうきみも知っている通り、10年後と言わずとも、レストランの仕事は大きく変わってきている。

今まではレストランのご飯は、お店に行かないと食べることができなかった。でも、「デリバリーサービス」が開発されたことで、お店に行かずともレストランのご飯が食べられるようになったのだ。

今後ますますこの変化が加速するとどうなるだろうか？　店舗の必要がなくなり、店舗で働いていた人達の仕事が必要なくなってしまう可能性があるのだ。

店舗が必要なくなっているのと同様に、会社のオフィスも必要がなくなってきている。「リモートワーク」と言って、オフィスに行かずともパソコンやスマホの画面上でやり取りをすることで、仕事が成立するようなシステムができている。自宅でも、外出先でも仕事ができる時代なのだ。

また、きみもきっとよく見ているであろう「ＹｏｕＴｕｂｅ」内で活躍している「ユーチューバー」、これも立派な仕事である。

最近であれば、テレビで活躍していた役者やお笑い芸人も、こぞってＹｏｕＴｕｂｅで独自の番組を配信している。

テレビではなかなか伝えられないリアルな情報を配信できるとあって、軸足を次々とテレビからＹｏｕＴｕｂｅに移しているそうだ。

そうなれば、今までのような地上波テレビを舞台《ぶたい》としたタレント業の存在価値が薄れてくることも考えられる。

このように、現在でもすでに新しい仕事が次々生まれ、大きな変化が起こっている。きみが大人になっている頃には、さらにＡＩは発達し、人間に代わって機械が行なっている仕事がたくさん増えているだろう。

では、**今後どんな仕事が生まれてきそうだろうか。自由に想像してみよう。**

これからの新しい仕事を考えるのは、自分の未来を考えるヒントになるから、しっかりと考えてみよう。

親やまわりの大人がこんな仕事をしたらどうか、と勧めてくる仕事の枠にはまる必要はない。

きみのやりたい仕事を見つけよう。

「働き方」はひとつじゃない！

いろんな職業があるので、たくさん調べようという話を前のページで伝えたが、さらに言うと、その職業に就くのにも**「様々な働き方」**がある。

たとえば、きみの親はどんな働き方をしているだろうか？　会社員、公務員、非正規社員、フリーランス、経営者……様々な働き方がある中で、どんな働き方を選択しているだろうか？


会社員という働き方が一般化されたのは、じつは第一次世界大戦直後に産業構造の変化が起きた1920年代以降で、その高度経済成長期を経て、より大量の会社員が求められるようになった。

そして、1990年代に様々な規制緩和《かんわ》が起こり「就職活動」というワードも一般化され、大学を卒業すれば就職活動で決まった会社に入社して会社員になる、ということがもはや当たり前になってきた。

ただ、現在は様子がかなり変わってきている。2019年の調査によると、就業者6731万人のうち非正規雇用者は2174万人にのぼり、働く人の3割以上を非正規雇用者が占《し》めることがわかった。

なぜ、非正規社員の数が増えているのかというと、「価値観の変化」がその大きな理由だ。非正規社員を選択する理由は、「自分の都合のいい時間に働ける」など、自分の生活スタイルを大切にしたいという考えが大きくなっているようだ。

また、最近であれば新型コロナウイルスの問題もあり、様々な企業で業績が悪化し、最悪の場合は倒産に追い込まれており、なかなか正社員として雇用をすることが難しいという会社も急増してきた。

労働者側は正社員として勤務したいけど、会社側が正社員は難しいため非正規社員としてなら雇えます、というところが増加しているのが現状だ。

そして、そんな世の中の状況を見て、「会社に雇われていても、いつ働けなくなるかわからないのは怖い」と、会社から独立して個人事業主・フリーランスとして、自分のチカラだけで仕事をやっている人も増えている。

僕は、こういった自分のチカラだけで仕事をしていきたい人に、そのやり方を教えている仕事をしているのだが、明らかに最近急増しているのを実感している。**これからの時代には間違いなく、自分のチカラだけで仕事ができないと自分の身を守ること**

はできない。

また、最終的には僕のように会社を経営して、多くのスタッフとともに仕事をつくっていける人間になることもできる。

「そんなの僕にできるのかな……」と今は思っていても大丈夫。まずは、多様な働き方があるということをわかっておくだけでいい。それだけできみのこれからの可能性の幅《はば》は広がるから。

学校では教えてくれない「お金の勉強」

ここまでは「働くこと」についてたくさん触れてきたが、それと同時にきみが絶対に知っておくべきことがある。学校では教えてくれないことだから、僕がきみに教えるよ。それは何かと言うと、

「お金の稼ぎ方・使い方・考え方」

についての勉強だ。

普段きみが何気なく買い物をしてお金を使ったり、お小遣《こづか》いとしてもらっているお金のことだ。

どうだろうか、普段当たり前に使っているお金のことをよく考えたことはあるだろうか。将来、大人になって仕事をするようになると、収入としてもらうお金のことをよく知らないって、今思うとちょっと怖くないかい？


そんなことを言っている僕も、社会人になるまではお金のことについてまったくわかっていなかった。僕は幸い、就職したのが銀行という「お金のプロ」になるための会社だったので、そこで徹底的《てってい》にお金の勉強をしたのでお金について理解できている。

でも、そういったお金に直結する仕事についてない大人は、きっとお金についてよくわかってない人ばかりだろう。もしかしたら、きみの学校の先生もお金に詳《くわ》しくない可能性も非常に高い。

まず、そもそもお金ってなんだろうか？　簡単に言うと、**「お金とは、価値と価値を交換するためのツール」**だ。

もし、お金がなければ物々交換をしなければならない。自分は大根を1本持っている。その大根1本であれば、卵10個と交換できる価値がある。

でも、目の前の卵10個持っている人が、大根が欲しいとは限らない。その時にお金が登場する。お金は、それと同等の価値のものと交換するという役割を果たしているんだ。

では、同じ時間働いていても、収入が高い人と低い人がいるのはどうしてかわかるだろうか？　先ほどの「価値の交換」という観点からすると、収入が高い人は価値の高い仕事をしていて、収入の低い人は価値の低い仕事をしていると考えることができる。

では、価値とはなんだろうか？　**価値が高い仕事というのは「求めている人が多いが、できる人が少ない仕事」**だ。たとえば、弁護士や医者、パイロット、政治家といった収入の高い仕事は、求めている人が多いが、難度の高い仕事であり、希少性の高い仕事なので収入がとても高い。逆に、**収入の低い仕事というのは、簡単に言うと「誰でもできる仕事」**なのだ。

このように、働くこととお金というのは、切っても切れない関係だ。お金のことを何も知らずに大人になると、大きな損をしてしまうこともある。お金に強くなるというのも、立派な大人になるための大事なことなんだ。

「親の仕事」を詳しく知っているかい？

前のページで、世の中にどんな仕事があるのかを調べようという話をした。やはり、その中でも仕事をしている大人で一番身近な親や親戚《しんせき》にインタビューをするというのは大事だ。

そもそもなんだが、きみは自分の親がどんな仕事をしているのか、詳しく聞いたことがあるだろうか。「そういえば、親の仕事のことは、よく知らないなぁ」という人がほとんどだと思う。

事実、とある国際調査によるとOECD（経済協力開発機構）加盟国35カ国中、「15歳の生徒のうち、父親の職業を知らない比率ランキング」で日本はトップというデータが出ている。

数字でいうと、15歳の生徒のうち、6人に1人は父親の職業を知らないというのだ。なぜこうなってしまうのかというと、きみも納得《なっとく》するかもしれない。日本ではもはや当たり前となっているが、仕事をするのは会社のオフィス、普段過ごすのは自宅というように、暮らしの場と仕事の場が分離《ぶんり》している。

つまり「職住分離」という働き方が一般的になり、親が働いている姿をリアルに見るという機会がないからだ。

きみの親はどうかわからないが、仕事に従事する時間によっては、子どもが起きる前に出社し、就寝してから帰宅するなんてこともあって、なかなか仕事をしている様子を見たり聞いたりする機会も少ない。

そんな状況だからこそ、今回を機会に、ぜひ親にインタビューしてみよう。親にインタビューをすることで得られるものはたくさんある。

まず一つは、**親が実際にどんな仕事をしているかを聞き、仕事というものに触れることで、将来の自分の仕事を考えるきっかけとなる**ということだ。

先ほどの国際調査には続きがあって、同じ15歳の生徒に「将来の職業の志望はあるか？」と聞いた結果、「わからない」と答えたのは、5人に1人もいるというデータも出ている。これも、世界トップクラスだという。

やはり、仕事というものに身近に触れていないと、将来の自分の仕事のイメージが湧かないのだ。インタビューをすれば、仕事のリアルな内情もきっと教えてくれて、イメージが湧いてくることだろう。

それ以外に、**「仕事って楽しいものだ！」ということもきっと感じることができる。**

もしかしたら、日常の中で親が仕事に対して不満や愚痴を言っている場面に出くわすこともあるかもしれない。

テレビやネットなどでいろんな情報を見ると、仕事に対するネガティブな印象を持っている場合もあるかもしれない。

もちろん、そういった側面があるのも事実だ。楽しいことばかりではない。しんどいこともあって当然だ。

でも、仕事に対して真剣に取り組んでいるからこその楽しさや、やりがいを持っているはずだ。ぜひ、そういう楽しさを感じてもらい、「早く大人になりたい！」と思ってもらえたら最高だ！

そして、最も大事なこととして「親への感謝」が生まれるのだ！

普段、親の仕事について知ることがなければ、親が仕事をどれだけ頑張っているのかを感じる機会はないと思う。

きみの親は、なんのために仕事をしているのだろうか。その理由の中心にあるのは、きっときみのためだ。

不自由なく過ごせるように、そして将来立派な大人になれるように頑張ってくれている。

すごくありがたいことだ。今回インタビューをし終わったら、普段なかなか言えていなければ、感謝の言葉を伝えてみたり、親の喜ぶことをしてあげよう。

まず、自分で調べる習慣をつけよう

きみは勉強や、生活の中で「知らないこと」が出てきたらどうするだろうか？　いきなり先生や親や友達に聞きに行ってはいないだろうか？

もし、すぐに誰かに聞きに行っているというのであれば、いったんやめてみよう。

そして、まずは自分で調べるという習慣をつけることだ。

きみはもしかしたら、自分のスマホを持っているかい。そうすると、すぐにインターネットに繋いで調べることができると思う。

ただ、調べるといっても、いきなりインターネットで調べるというのもきみのためにはならない。僕がお勧めするのは、**「辞書、事典で調べる」**ということだ。

なぜ、辞書、辞典で調べることをお勧めするのかというと、理由はいくつかある。

まず一つに、**「調べようと思ったこと以外の事にも興味を自然と持てる」**からだ。

辞書で調べようと思うと、アイウエオ順の索引《さくいん》でチェックし、調べようと思ったことを調べると思う。そして、調べようと思ったことのページを見ると、他にもいろんなことが書いてある。

関連することや反対の意味、その言葉の近くに書いてあるまったく関係のないことまで様々書いてある。そうすることで、一つの調べ物をしようと行動するだけで、それ以上のものまで学ぶことができるのだ。

友人のNさんは、小学校の頃に使っていた国語辞典は、メモ書きや大量の付箋《ふせん》が貼《は》られ、ボロボロになるまで使い込んでいたそうだ。

中学生、高校生になってからも、英和辞典や百科事典などは自分の気になることを徹底的に調べて、たくさんのことをそこからインプットした。そのおかげもあって、知識の幅も広く、大抵のことは理解できるようになったのだ。

そのように、まずは辞書や事典で調べること。そして、それでもなかなかわからないようなことがあれば、インターネットで調べるとすぐに答えが出てくるだろう。

努力して調べることもせずに、インターネットという便利な道具を使ってしまうと、きみの考えるチカラが弱くなってしまうので、僕はお勧めしない。

また、インターネットで調べると本当にたくさんの情報が日本国内だけでなく、世界中のものを調べることができる。

たくさんの情報を瞬時にアクセスできるというのはメリットだが、情報がたくさんありすぎて、間違った情報も紛《まぎ》れているので、自分で情報を取捨選択することができないと情報の海に飲み込まれてしまう危険もある。

情報を自分の目的に合わせて使いこなすチカラのことを「情報リテラシー」と言うが、きみにはしっかりとこの情報リテラシーを身につけてほしいのだ。

新しいこと、知らないことに触れていく機会がこれからますます増えてくると思う。そういったことに対して、好奇心を持つことだ。たくさん調べて、たくさん学べば、きみの世界はもっと広がっていくよ。

興味関心のタネを育てる

僕が今の大人に対して、「危険だな」と思っていることがある。それは、**「新しいこと、面白そうと思ったこと」に対して実際に自分自身で確認することなく、否定して受け容《い》れない人が多い**ということだ。

心の片隅では、「面白そうだな」と思っているのに、「いや、やめておこう」と自らブロックをかけてしまっているのだ。

そういった、新しいことや面白そうなことに興味を持って、積極的にやっていけるようになるには、学生時代のうちから実際に行動に移していくことを当たり前にしていくといい。

たとえば、インターネットで色々見知った情報を「ふーん、そっかぁ」と終わらせてしまってはいないだろうか。

そうやってしまうと、非常にもったいない。もし、それを実際に見たり体感できる場所として、博物館や資料館などに行って触れることができるのであれば、すぐに行ってみよう。

パソコンやスマホ上だけで見ているものよりも、圧倒的にリアルな情報を得ることができる。

社会の時間に歴史を学んでみると、自分が住んでいる地域の歴史についても気になってくると思う。この地域はどうやってできたのか、誰がつくったのか、どんな出来事があったのかなど、実際に散歩をしながら街並みを巡《めぐ》ってみても、すごく面白い発見がある。

自分だけですぐに足を運んで見られるものもあれば、遠い場所にあるものや、許可を得ないと見ることのできないものなど、親や大人の協力を得ないと触れることができないものもあるだろう。

それらも遠慮することなく、まわりの大人を巻き込んで、自分の興味関心の幅を広げていくといい。

まずは少しでもいいので、新しいことや面白そうだなと思ったことを自分自身がやってみればいいのだ。

興味のタネを育てて、花を咲《さ》かせてみよう。この本を読んでいるきみには、新しいことを否定して受け容れないような大人にはなってほしくない。

「これが当たり前だから」「ずっとこうやってきたから」という一般的な常識や固定観念に縛《しば》られるのではなく、自らチャレンジできる人になろう。

学生時代のうちから、いろんなことに好奇心を持って、自分の足で実際に見たり、体感しに行くことを重ねていれば、大人になってからも、それが当たり前になっているので、新しいことや面白いと思ったことを前向きに捉えることができる。

その一方で、学生時代にあまりそういったチャレンジをしていないと、大人になってからはなかなか勇気のいることになる。

何をやったってきみの自由だ！　誰かに制限されるものではない。どんどん外の世界へ飛び出していこう。

コラム❻

「お金・働くこと」は今から学ぼう

僕は元銀行員で会社経営者なので、人一倍「お金・働くこと」の両面について勉強してきた。ただ、勉強したといっても、学生時代に勉強したわけではない。

きみも感じているかもしれないが、今の学校教育では、なかなか「お金・働くこと」について授業の中では触れていない。今後少しずつ変わっていくかもしれないが、学校で学べるのには限りがある。

ただ、学校で習っていない「お金・働くこと」の勉強こそが社会に出てから一番大切なんだ！　だって、社会人になったら1日の大半は仕事をすることになるのに、お金と働くことについて知らないってマズくないかい？　なので、僕が考える「お金・働くこと」を、今から学ぶべき2つの理由をまとめてみた。

まず一つは、「人生の迷子」にならないようにするためだ。

僕自身は、将来どうなりたいかを考えることなく、勉強を頑張っていた。お金についてもまったく勉強していなかった。いい会社に入れば、高い給料がもらえて、それだけで僕の人生は幸せになれると信じていた。

でも実際は違っていた。実際に給料が高くても、働き方が自分にとってやりがいのあるものでなければ、心が寂《さび》しいばかりで本当の幸せとは言えない。「何が自分の人生にとっての幸せなのか」を考えずに道を決めるのは危険だ。

次に、「損をしない」ためだ。

世の中のルール（法律）は誰がつくっているか知っているかい？　そう、政治家だ。頭のいい政治家が、あえて難しくルールをつくることで、世の中の仕組みをわかりにくくしているのだ。

お金や働くことについて勉強していなければ、そういった複雑なルールが理解できずに、知らず知らずのうちに損をしてしまう可能性がある。自分の身を守るためにも、「お金・働くこと」の勉強をしなければならない！

第7章

「挑む才能」
失敗を恐れず「チャレンジする力」を養おう

常に向上心を持ち、　有言実行で挑戦する大人になるために

〈残念な大人〉
・失敗を恐れて、無難な選択しかできない大人になってしまう
・成長できず、ずっと同じことしかできない大人になってしまう

〈活躍できる大人〉
・常に成長した向上心のある大人になれる！
・まだ誰も踏み込んだことのない未知の世界を切り拓ける大人になれる！

「たった一つの正解」は存在しない！

僕が、きみくらいの年齢の頃、ずっと信じていたことがある。

「いい学校や会社に行けば、幸せになれる」という言葉だ。

ただ、そうとは限らないという現実を知った今、これから学校選択や仕事選びをするきみには、どうしても今のうちから知っておいてもらいたいので、改めてここでも話そうと思う。

そもそもの大事なことをまずは話そう。これからの人生は、

「これだけやっておけば間違いない、というのはあり得ない」

ということをよく覚えておくことだ。

たとえば、今回の話のように「偏差値の高い有名な大学に進んでおけば間違いない」「誰もが羨む大手の会社に入社できれば間違いない」というようなことだ。

要は、**決まりきった「たった一つの正解」というものが存在することはない**という意味だ。

有名な大学に入ることができても、就職活動がうまくいかずに引きこもりになっている人もすごく増えているし、大手の会社に入ることができても、会社のやり方についていくことができずに心を病んでしまって、辞めてしまった人もたくさんいる。

大手の会社も次々とリストラを始め、何十年と経営されてきた老舗《しにせ》の会社も倒産しているのが、今の世の中なのだ。

今までの当たり前が、もはや当たり前でなくなってきている。「ニューノーマル」という言葉も出てきているように、これまでの「ノーマル」を新しく書き換えないといけない時代に突入している。

ただ、大人はそう言った事実を受け止めきれていない。まだ、今までの当たり前を信じている人が多いのだ。

ではなぜ、「これだけやっておけば間違いない」を信じているのだろうか？　それは、

「人間は正解があると安心するから」だと僕は考えている。

少し例を挙げて考えてみよう。ここで2つの問題をきみに出そうと思う。どっちの問題のほうが、難しいと感じるだろうか。

まず一つ目、「1＋1＝？　？に入るのは何？」。頭のいいきみには、少々簡単すぎたかもしれない。

では、次の問題。「来週担任のA先生は誕生日だ。みんなで誕生日プレゼントを準備しようという話になった。A先生は何が好きかまったくわからない。大好きなものをもらうと上機嫌《じょうきげん》になるが、嫌いな物を渡してしまうと怒られるらしい。さて、プレゼントに何をあげる？」。

どうだろうか。とても難しいと感じたのではないだろうか？

なぜ後者のほうが、難しいと感じたのかというと、一つは「絶対にこれという正解がない」という点だ。前者は、1＋1＝2という揺《ゆ》るぎない正解がある。ただ、後者はたった一つの正解がない問題だ。

また、後者はもう一点難しさを感じるポイントがある。それは、「失敗すると痛い目にあう」と感じてしまうような問題だからだ。

そうなんだ、人間は結局「失敗が怖い」のだ。だから、たった一つの正解があれば安心するし、失敗しそうなことは避けようと思う傾向にある。


でも、**これからの時代は、先ほどの問題の、後者のような問題ばかりがきみに降りかかってくる。**避けようとしても避けられない。

いったん、避けたところでまた同じような問題が結局付いて回ってくる。正解のない問題が目の前にやってきたら、きみは頭を使って自分なりの答えを導き出していく必要があるんだ。


「そんなの僕にできるのかな……」と不安になるのは当たり前だ。これからのことだからわからなくて当然だ。でも、これから先にそういう問題が来た時には、スッとすぐに対処できるようになっているだろう。

たった一つの正解はない。だからこそ、きみは自由にその問題を解けばいい。**きみが、これが正解だ！　と思えばそれが正解なんだ。**

失敗は「成功するための経験」

きみは、「失敗」をすることは怖いと感じるだろうか。たとえば、自信はないことを授業で発表するということや、部活の大事な試合で負けてしまうこと、好きな子に勇気を持って告白してみることもそうだろう。

確かに想像してみると、ちょっと怖いなって思うかもしれない。そんなきみに、とっておきの言葉を教えよう。それは、**「失敗は経験だ！」**ということだ。

僕はこれまでの人生で、山ほど失敗してきた。僕だけではない、僕のまわりの大人もそうだ。小さな失敗から大きな失敗まで、数えきれない失敗の歴史がある。

でも、**活躍している大人は、それを悲観的に捉えていない。すべてが経験であり、財産だと思っている。**

知人のOさんは中学生の部活で、なかなか試合で勝てない時が続いていた時期が何回かあったそうだ。そして、また勝てる時期があり、また勝てない時期に突入するというのを繰り返していた。

本人は、この勝てない時期が、なぜ勝てないのかがまったくわかっていなかった。そして、ある時コーチの一言で彼は目が覚めて、そこからずっと勝てるようになったのだ。それは、

「基本を外れて、自分流でやっているからだよ」

という言葉だった。

勝てない時期は、コーチから教えてもらった基本的な動き方や走り方などを無視して、自分流のやり方でやろうとしていたのだ。

それからは、勉強などもたびたび自分流にやって失敗している自分に、自分で叱《しか》りながら「基本を大切にすること」という人生の教訓を刷り込んでいった。

また、Oさんは会社員時代には、初めて営業をすることになったわけだが、最初は失敗ばかりだった。

「この新しいサービスは、興味ありませんでしょうか？」とひたすら声をかけるも、「いえ、興味ないので」と玉砕《ぎょくさい》する毎日。まったく結果が出ない。断られ続けて心が折れそうになるも、それでもめげずに提案をし続けた。

断られる＝失敗の数が、100回を超《こ》えたくらいで、ようやく自分は何ができていなかったのかを分析できたという。

それは、「自分の売りたい気持ちが先行して、お客さんの話を聞いていなかった」ということだ。お客さんが、何に困っていて何が欲しいのかを聞くことなく、自分のお勧めしたいサービスを強引に押しつけていたのだ。

それに気がついて、提案の仕方を聞くスタイルに変えてからは、次々と契約が決まるようになり、全国で1位の営業成績を取れるまでになった。

失敗というのは、決して悪いものではない。電球を発明したエジソンも失敗に関して、こんなことを言い残している。

「失敗ではない。うまくいかない1万通りの方法を発見したのだ」

失敗は経験である。財産である。失敗は成功までのプロセスだと考えて、たくさんトライしてたくさん失敗しよう！

「提案力」は、人生を切り拓くチカラ

きみは「やりたいこと」が見つかったら、どうしてる？　自分だけでもできることであればいいとして、もし親に協力してもらわないといけないことだったらどうするだろうか。

たとえば、新しい習い事や、新しい趣味。それをうまく親に伝えて、「やってごらん」って言ってもらえるように提案できるだろうか？

これからの人生は、仕事でもプライベートでも「提案」することの連続だ。たとえば、仕事で言えばお客様への商品やサービスの提案、職場の同僚《どうりょう》や上司に対して意見を言うことや、企画を提案することもたくさんある。

では、プライベートでの「提案」というのは何を指すのだろうか？　たとえば、相手にプロポーズをするというのも提案だ。

じつは、こんな感じで提案をする場面というのは無数にある。そして、提案するというのはすべて重要な局面で行われる。

大事な場面で、きちんと自分の意思を伝えて、相手に納得してもらえるような提案ができるようになることは、大人になって絶対に必要なチカラなのである。

「提案」するチカラを今の段階から養うことができれば、きみの将来は思うがままになる。仕事でもみるみる結果が出るし、プライベートでも自分の好きなことや人に囲まれて生きることができる。

では、どうすれば、今から「提案」するチカラを養うことができるのだろうか。学校生活と家での生活とそれぞれで考えてみよう。

まず、学校生活で言えば、先生に対してちょっとした提案をしてみるというのを試してみよう。たとえば、どんな提案なのかというと、本当に些細なことでいい。

「席替えをしてほしい」とか「今度の学級活動でこんなことをしてほしい」といったことだ。また、もし学習塾に通っているとすれば、「もっと難しい問題を出してほしい」などの提案も面白いと思う。

このように「もっと○○してほしい」というような意見や要望を伝えてみるのだ。また家での生活でも「こんなところに行きたい」「こんな参考書がほしい」そんな提案をしてみるのだ。

ただ、ここで気をつけたいのは、意見や要望だけを伝えるのは正しい「提案」とは言えない。ただのワガママに聞こえる。

そうではなく、**大事なのはきちんと「理由・根拠」を一緒に伝えるのだ。**

「〜〜なので、○○してほしい」という感じだ。提案内容の裏にきちんとした理由や根拠があれば、言われた相手は「納得」する。納得しないと、イエスとは言わない。

さぁ、今日にも何か「提案」できそうなことはあるだろうか？　きみの思った通りの未来をつくるのは、この提案力だ！

まわりの反対を押し切れるか⁉

ある日、きみのクラスでAかBか二つの選択肢のどちらかを選びなさいというお題を出された。きみはAを選んだ。絶対にAがいいと思って、きみはAを選んだ。

一方で、きみ以外のクラスメイト全員がBを選んだ。そう、全員だ。さて、きみはこんな状況であっても、一貫《いっかん》してAを選んでおくことができるだろうか。

こういった問題が出されれば、ほとんどの人は「いや、皆Bを選んだのだから、それに合わせて私もBに変えます……」と、自分の意思を変えてしまう。

でも、**これからの時代を強く生き抜いていける大人というのは、こんな状況でも「いえ、私はAです！」と自分の意思を強く持ち続けることができる人**なのだ。

日本人は、「皆そうやっているから」というのに非常に弱い。皆と同じがいいという心理だ。反対に、皆がやっているのに自分だけ違うというのをとにかく嫌う。

また、多数側の人間は、その少数派の人を目の敵《かたき》にしようとする。「あいつは皆と違っているから良くないやつだ」と除け者にするのだ。

エスカレートすると、いじめに発展する。それは学校だけでなく、会社でも起こりうるのだ。

友人のPさんは、会社で実際にイジメを受けていた。彼は、性格的には人見知りで大人しく騒《さわ》がないほうだ。同世代でも落ち着いていると言われる真面目なタイプ。

彼の職場は、どちらかというと「体育会系の雰囲気」というか、すごく明るく騒がしいタイプが多数を占めている職場だった。

そんな騒がし目の先輩や上司は、彼に対してこうキツい言葉を言い放った。

「そんなお葬式《そうしき》に来ているような暗い性格だったら、仕事なんてできねぇよ」

彼は無性に腹が立った。

「僕は生まれて20数年、この性格でやってきたんだ。自分達がすべて正解かのような言い方をして、僕を勝手に否定するのは許さない！」

そこで固く心を決めた。彼は、この性格・振る舞いのままで絶対にこの人達よりも営業成績で勝ってやると。結果、彼は営業成績で全国1位になり、彼を否定してきた先輩よりも仕事ができるということを証明した。

まわりと同じことをしていても、自分の夢や目標は達成できない。

たとえ、皆が反対したとしても、自分の考えを貫《つらぬ》いていけば道は拓ける。大丈夫！きみはひとりじゃない。きみのことを一番信じているのは、きみ自身だ！

高く険しい壁でも諦めない！

きみは、目の前に難しい問題が出てきた時にどうしている？「そんなのムリだ」とすぐに諦めてしまうだろうか、それとも、粘《ねば》り強くなんとかしようと努力するだろうか？

この本を読んでいるきみは、勉強熱心で向上心がきっとあるはずだ。そんなきみであれば、**難しい問題・高い壁だからこそ、諦めることなく何度も挑戦して成功させよう。**

きみがこれから大人になっていけばいくほどに、きみの前に出てくる問題の難度は高くなる。きっとビックリすると思う。僕は、予想外すぎてパニックになったからね。もし、きみが今中学生であれば、次に高校に進学すると、また新たな環境に飛び込んで新しい友達ができる。

向上心のあるきみならば、まわりも同じように頑張っている学生がたくさんいる環境になるはずだ。学校で習う勉強もレベルがグッと上がる。

そして、次の進路として大学進学などする人も多いだろう。すると、また環境が大きく変わる。大学生は、良くも悪くも自分ですべてを決められる。

自らを律して、自分で主体的に活動しなければ、充実《じゅうじつ》した大学生活にならない。学ぶ内容もより専門性が高い内容であり、その後の就職活動にダイレクトに関わってくる。

ここまでは学生としての人生だが、その次は社会人だ。親からも独立し、社会人としての責任を持って生きていくのだ。

この本で僕が何度も繰り返しきみに伝えているけど、**社会人になってからは、勉強で点数が取れるという頭がいいということだけで生きていけるようなものではない。**

まわりの人とうまくコミュニケーションを取り、社会でうまくやっていけるかどうかが要求される。

知人のQさんは、社会人になって初めて「こんなのムリだ」と目の前の現実から逃げたくなる、諦めたくなるようなことが起きたそうだ。

学生時代まではそつなくこなすことができていたからこそ、社会人になってこんなにも苦しむとは思わなかった。

学生と社会人というのは、こうも考え方や行動を変えないといけないのかと愕然《がくぜん》とした。

これまで、学生時代にうまくいけていたのはなんだったんだと、自分自身を疑ってしまうほどの衝撃《しょうげき》があったのを今でも覚えている、と話してくれた。

きっときみの前にも、たくさんの高い壁がこれから立ちはだかってくるだろう。そんな苦しい時に、思い出してもらいたいことがある。

それは、これまでもきみは頑張ってこれたのだから、何があっても大丈夫だということだ。**諦めなければ、きみの努力はきっと報われる！**

「小さな成功体験」を積み重ねよう

きみには「大きな夢や目標」があるだろうか。僕は今たくさん夢や目標がある。とても僕ひとりでは叶えられないような夢や目標だ。きみもぜひ、そんな大きな夢や目標を持って生きていってほしい。

ただ、今ではそんな大きな夢を語れるような人間になれたが、昔はそんなことはとてもじゃないけど言えない人間だった。

では、どうすれば夢や目標を持ち、そこに突き進むことができるのだろうか。その

答えは、

「小さな成功体験をたくさん積むこと」

だと僕は思う。

いきなり大きな夢や目標にポーンと到達するなんてことは非常に難しい。「自分には、そんなことできっこない」と思ってしまうかもしれない。どうすればできるのか方法もわからないだろう。

であれば、いきなり大きな夢や目標を目指そうとするのではなく、**小さなハードルを乗り越《こ》えることから始めてみよう。**まずは、簡単にヒョイッと越えられるものでオーケーだ。

そこを越えられたら、少しだけハードルを上げてみよう。そして、またさらに目標を高く設定して……というのを続けていくのだ。

そうやって小さな成功体験を積み重ねていくとどうなるだろうか。そう、きみには**いつの間にか「自信」がついてくるのだ。小さなハードルでも、越えることができれば、それはきみにとってはとても大きな「自信」となる。**

「できた！」を積み重ねていくこと、困難だと思うことに努力することによって、きみには揺るぎない自信がついてくるのだ。

そして、「自信」がつくことできみはどうなれるだろう。そう、**きみはどんなことにだって「挑戦」できる勇気が溢《あふ》れている状態になっている！** まわりの誰もやっていないような、前人未到《ぜんじんみとう》のチャレンジだってできる。遠い夢だと思っていたことも、もう手の届くところにある感覚だろう。

「挑戦」できる勇気を手に入れたきみは、もう無敵だ！ まわりの人は「ムリだ、やめておけ」って言ってくるようなことも、きみにとっては挑戦したくて仕方ないことに見えるだろう。

まわりが反対しても構わない。きみは自分だけを信じて前に向かおう。学生時代の間ももちろんだが、「挑戦」できる大人はとてもカッコイイ！

小さく積み上げてきた成功体験の数々が、きみの頑張りを証明してくれる。まずは、一歩を踏み出してみよう！

人生とは、「選択」の連続だ！

さぁここまで読んでみて、「自分の夢や目標に向かって頑張っていこう」と思えてきているだろうか。そんな成長意欲の高いきみに、さらに成長できる秘策を教えよう。

目の前に2つの問題がある。

一つは、自分にとっては簡単にクリアできるような問題だ。

もう一つは、もしかしたらクリアできるかもしれないが、どうなるかわからない難しそうな問題。どっちを選択したほうが、自分にとって成長に繋がるだろうか？

当たり前だが、後者である。簡単にクリアできるようなものでは、自分にとって何のストレスもかからない。一方で、難しい問題に対応をしていくと、自分に負荷《ふか》がかかり、それが成長に繋がる。

これからの人生は、「選択」の連続だ。Aを取るか、Bを取るか。

そこで迷った時にきみに覚えておいてほしい言葉がある。

「怖いほうを選択しよう」ということだ。

怖いというのは、「なんかこっちを選択すると大変そうだな」「こっちをすれば自分にとっていいとはわかるけど、なんか不安だな」と感じることを指す。

怖いほうというのは、先ほどの話でいう後者、成長する選択肢のことだ。無難な選択をするのではなく、自分が成長できるほうをあえて選択するのだ。

僕がこの「怖いほうを選択しよう」という言葉を知ったのは、社会人5年目の27歳の時で、それまでこの言葉を知ることはなかった。

そして、それまでの僕は、「怖いほう」を選択してこなかった。いつも、無難なほうを選択していたように思う。

たとえば、高校受験の際、学区外のもっと偏差値の高い高校も合格できる水準だったにもかかわらず、その選択肢を選ばず、無難に自宅から近い進学校に進むことを選んだ。

また、部活動でも顧問の先生から部長になることを推薦されていたが、自分に負荷がかかるのが不安で断った。

いろんな場面で、僕は恐怖や不安を感じて、自分に甘い選択を取ってきた。27歳の時に、「怖いほうを選択しよう」という言葉を知った時、僕は過去の自分の選択を悔やんだ。

「あの時、あっちを選択していれば、もしかしたらもっと自分は成長できていたかもしれない」

もちろん、たらればの話なので、どうなったかはわからない。

きみの人生は、泣いても笑っても一回きりだ。人生を終える時、「後悔したことは何ですか？」と質問をすると、多くの人が「挑戦しなかったこと」と答えているという調査結果があるようだ。

挑戦できるチャンスが目の前にきた時、怖いと感じるだろうけど、チャレンジしてみよう！

これまで頑張ってきたきみがいる！

きみがこれから歩んでいく将来には、新しいことがたくさん待ち受けている。期待やワクワクもあれば、不安やドキドキも感じていることだろう。

学校での新しい勉強、新しい仲間との出会い、プライベートでもたくさんの新しい経験をする。もし、不安な気持ちが出てきても、大丈夫。

「これまで頑張ってきた自分だから、きっとできる！」

僕ももちろん、これまでたくさんの新しいことに挑戦してきた。僕だけじゃない、僕のまわりの大人も、そのたびに不安になっている。

新しいことをやる時になぜ不安になるかと言ったら、やっぱり「初めてでやったことがないこと」だからだ。自分のこれまでやったことのないことだと、うまくいくかどうかわからない。

たとえば、知人女性のRさんにとって一番大きな不安に襲《おそ》われたのは、やはり学生が終わり、社会人になるその瞬間だったそうだ。それまでは学生として扱ってもらえていたのが、急に社会人に切り替わるのだ。

心の準備をしておけと言われても、なかなかできなかった。東京で入社式があり、そこから入社直後の研修があり、その後自分の担当するところへ配属となった。毎日不安で不安で、眠ることができなかった。

「本当に私は社会人としてちゃんとやっていけるのだろうか？」

やはり、そんな不安そうな気持ちでいたら、まわりの人にもその不安は伝わっていたようで、「大丈夫？」ととても心配されたのを今でも鮮明《せんめい》に覚えていると言っていた。

多分、きみも小学生から中学生になった時、さらに高校生になった時に感じたと思うあの心がザワザワする感じと同じだと思ってもらっていい。

でも、不安ばかり感じていても仕方ない。前に進みたい！　だから彼女は、**自分のことを信じることにした。**

学生時代もたくさんの同じような状況を体験した。その都度彼女は乗り越えてきた。

そんな自分を思い出し、**「これまで頑張ってきたんだから、きっと大丈夫！」**と自分を鼓舞《こぶ》して、社会人のスタートを切れたと語っている。

大人になってからも、新しいことにどんどん挑戦していくことができれば、活躍できる大人にきっとなれる。頑張っている人、挑戦している人を応援したいという人が、きみのまわりに集まってくるからだ。

だから、挑戦する足を止めないでほしい。

新しいことに果敢《かかん》にチャレンジしていってほしい。

きっと大丈夫だ。

これまで頑張ってきたきみがいる。

だからきっとできるよ！

コラム❼

自分を信じよう!

僕が銀行を辞めて独立起業し、経営者になろうと挑戦しようとした時、僕は友達がゼロになった。「銀行を辞めるなんてバカだ」と言われたんだ。まぁ、そう思うのも無理はないと思う。

僕が銀行を辞めた当時はまだ、「銀行は安定した仕事の象徴《しょうちょう》」とされていたからね。この本を書いている今(2021年現在)であればもう、僕がいた大手の銀行も何千人規模のリストラや、銀行員の仕事がAIに奪われて仕事がなくなる……という状況だけど、その当時はまったくその様子もなかった。

ただ、僕は自分のことを信じていた。僕なら絶対にできると。バカだの、頭がおかしくなっただの、たくさんいろんな人に言われて心が折れそうになったけど、僕はくじけずに挑戦できた。その理由は、「これまで頑張ってきた自分のチカラを証明したい！」と思ったからだ。

僕は銀行員になって、大きな挫折をした。学生時代の僕は、そこまで大きな失敗なんてしたことがなかった。学校でもいつも成績も1番を取っている。むしろ、自分に自信があるほうだった。なんでもできると思っていた。

でも、社会人になって自分の無力さを痛感した。会社で行われるテストや営業での成績はとてもいい。ただ、上司や先輩との人間関係のつくり方やコミュニケーションという点で、僕は大失敗をした。自分と全然違うタイプの人、難しい性格の上司とうまくコミュニケーションを取ることができなかった。

「お前、営業の成績は良くても、そんなんじゃ仕事ができないやつだからな」

「山本は仕事ができないやつ」というレッテルを貼られた。そして、職場内でイジメにもあった。

「社会人というのは、こんなにも難しいのか！」と愕然とした。自分の価値を見失い、生きる意味がわからなくなった。悔しくて悲しくて毎日泣いていた。

もう人生を終えようと思った。自分の手で自分の命を絶とうとしたのだ。でも、できなかった。理由は、「これまで頑張ってきた自分の努力が報われない！」と心の底から強く思ったからだ。

僕は幼い時から決めていた。

「自分が大人になったら、活躍して家族を幸せにする！」と。そのために、勉強もスポーツも仕事も人一倍頑張ってきた。だから、こんなところで落ち込んでいる場合ではない」

そこから奮起《ふんき》して、僕は銀行を辞めて経営者になった。

挑戦していると、応援してくれる人もいれば、反対してくる人も必ずいる。それは仕方のないことだ。多くの人は挑戦する勇気がない。だから、挑戦する人を見ると嫉妬《しっと》の心が出てくる。

でも、そんな声は振り切ろう。自分自身の決意を信じて。僕だってできたんだ。きみにできないことはないよ！

おわりに――大丈夫、夢は諦めなければ、きっと叶う！

この本では、僕からきみに「これからの時代に稼げる大人になる！　本当に必要な7つの才能」を授けた。

これからの時代は、「テストで点数が取れる」「いい学校に行く、いい会社に行く」というための勉強だけしていても生きてはいけない。

将来大人になった時に「自分の手で自分のキャリアを勝ち取ることができる」そんな強くてたくましい人になってほしい、そんな思いでこの本を書いた。

僕は大人に対して、危機感を感じている。僕は普段、大人のビジネスパーソン向けに指導をしているが、多くの大人は「夢」を持っていないんだ。小さな時は持っていたのかもしれない。でも、知らないうちに自分の夢をどこかに置いてきてしまっているようなんだ。

「夢を語るなんて恥ずかしい」

「夢に生きるなんてせず、慎《つつ》ましく自分を殺して生きていたほうが楽だ」

か細く暗い声でこう言っている。

なぜ、こうも夢を諦めて生きていく大人が多いのか考えてみた。結論は、こうだ。


自分の得意なことを仕事に活かせていない。

変化のない単調でつまらない仕事をしている。

自分の言いたいことを言えていない。

まわりに助けを求められず孤独《こどく》になっている。

言われたことをイヤイヤ我慢してやっている。

知らないことに興味を持たないように耳を塞《ふさ》いでいる。

失敗を恐れてチャレンジしない。


そう、きみに教えた「7つの才能」を磨くことができず、悲しくも夢を諦めてしまっているんだ。

僕は悲しい。こんな大人が増えてしまっては、これから大人になろうと思っているきみのような学生も同じように夢を諦めてしまう。

きみには、キラキラとした夢があるはずだ。こんな大人になりたい、こんなことがやりたいってね。その夢を諦めずに必ず叶えてほしい。

きみが夢を叶えるために必要なチカラを磨く方法はこの本でまとめているから、迷ったり悩んだりするたびに、この本を読み返してごらん。最初読んだ時には気づかなかった、わからなかったこともあるはずだ。

ちょっと先行く先輩として、きみにこのように伝えることができて僕は心の底から嬉しい。

これからきみが歩む道は、大変なことも多いかもしれない。でも、大人になるのはとても楽しいから頑張ってみて！　きみならきっと大丈夫！

山本佳典

［著者プロフィール］

山本佳典（やまもと・よしのり）

株式会社エス・プロモーション　代表取締役

株式会社REVERITAS　代表取締役

平成元年岡山県津山市生まれ。同志社大学経済学部卒業。大学内トップのゼミで、競争市場における製品差別化の理論分析を重ねる。卒業後、株式会社三井住友銀行に入行。延べ2,000名以上総預り資産100億円超のVIP顧客を担当。入社１年目から営業成績新人No.1の全国表彰。

独立し、独立起業のプロデュースを業務内容とする会社を設立。約５年で1,000名以上の起業家/経営者を輩出する実績を持つ。テレビ３社、新聞３社、経済雑誌をはじめyahoo! ニュースやダイヤモンドオンラインなどメディア掲載も多数。関西大学等有名大学での講演実績。

著者にジュンク堂書店大阪本店等にてビジネス書ランキング１位、総合１位となった『これからは入社５年経ったら、もう独立起業しなさい！』（みらいパブリッシング）がある。

将来《しょうらい》大人《おとな》になって成功《せいこう》するために
13歳《さい》のきみに伝《つた》えたい
本当《ほんとう》に必要《ひつよう》な7つの才能《さいのう》

二〇二一年九月三十日　初版第一刷

著者　山本佳典
発行者　河野和憲
発行所　株式会社　彩流社
〒101-0051
東京都千代田区神田神保町3-10大行ビル6階
TEL：03-3234-5931
FAX：03-3234-5932
E-mail：sairyusha@sairyusha.co.jp

印刷　明和印刷（株）
製本　（株）村上製本所
本文組版　中山デザイン事務所

Sairyusha

ISBN978-4-7791-2775-5 C0030
http://www.sairyusha.co.jp